多文化社会のコミュニケーション

買いかぶらず、決めつけない基本スキル

山本喜久江《Yamamoto Kikue》・八代京子《Yashiro Kyoko》

心を開いて!

SANSHUSHA

もくじ

「つながっている？」

第3章

人間関係力の資質その2
感情管理

第4章

人間関係力の資質その3
多面的思考・創造性

第5章

人間関係力の資質その4
自律・責任感（相互依存）

第6章

人間関係力の資質その5
オープンな心と柔軟性

第7章

人間関係力の資質その6
コミュニケーション力
（やり方と在り方）

扉写真：

［もくじ］「つながっている？」犬と著者（日本）
［第1章］チャコキャニオン（アメリカ）
［第2章］サッカーチームの少年たち（日本）
［第3章］ブッダガヤにて（インド）
［第4章］キャニオン・ディ・シェーのネイティブ・アメリカン遺跡（アメリカ）
［第5章］内モンゴル自治区にて（中国）
［第6章］チャコキャニオン（アメリカ）
［第7章］保育園の幼児たち（日本）

写真提供：山本和邦（第1、3、4、5、6章）

本書の構成と活用法

▼本書の構成

第1章では、「人間関係力」について、そして、人間関係力に必要な資質・能力について基本的なことを詳しく述べています。第2章以降に、この人間関係力に必要な資質・能力を6つの章（目次参照）に分けて解説しています。

各章は、具体的な「事例」を中心とした本文、「エクササイズ（Do It Yourself! 実践）」とその解説、さらにスキル演習とその説明で構成されています。

▼本書の活用法

学問としての異文化コミュニケーション研究の成果を、いかにして現実社会の日々の生活に活かし、より良い人間関係を構築していくことができるのかを考え、そのためのヒントを随所に盛り込みました。日常の何気ない「事例」を参考に、じっくり自問自答しながら、またはまわりの人と意見を交換しながら、それぞれの章を読み進めてください。各章末の「エクササイズ」は、その章の本文に関係する練習問題となっています。この練習問題を通し、本文の理解をさらに深めるとともに、その領域の自分の能力開発にもつなげることができます。自分のものさし、価値観に挑戦し、自分の許容量を拡大してみてください。

本書は『多文化社会の人間関係力 ―実生活に活かす異文化コミュニケーションスキル―』（二〇〇六年発行）の改訂版にあたります。解説の随所を更新するとともに、あらたにコミュニケーションのスキル編（スキル演習）を加えました。コミュニケーションの「やり方（スキル）」を試し、そして楽しんでください。スキル演習の後には、そのスキルについての説明も加えています。なぜそのスキルが大事なのか、どう役立つのかについての解説です。授業教材として本書をご利用の場合は、授業の終わりや授業のアイスブレークに活用してください。

人間関係においては、何が正しいのか、何が良いのかについて唯一の正解というものは在りません。本書を読み進めながら、自分の心のひだにふれるもの、感じるものがあったら、それが自分にとっての一つのヒント、または一つの答えなのかもしれません。楽しみながら学んでいただけることを願っています。

はじめに
多文化社会を生きる

現代は「多文化社会」だと言われています。職場でも、学校でも、隣近所でも異なる文化背景をもっている人々（外国人）と共に生活したりする機会が格段に増え、あたりまえになっていきます。今までのように、まわりがすべて日本人という環境がなくなりました。多文化社会は、日本だけに起きていることではなく、世界規模で起きているのです。経済の効率化と相互依存、技術革新の脅威的な速度、平和を維持するための情報共有などが必然的に多文化社会をもたらしました。歴史に後戻りはありません。これからの社会はますます多文化社会としての側面を増していくはずです。

多文化社会は住みにくい社会でしょうか。「ことばが通じない。常識が通用しない。ものの見方、考え方が異なる人とうまくやっていくのは大変だ。同じことばを使っていても世代間、男女間では通じないことが多いわけだから、文化背景が異なる人々と仲良く、効率的にやっていくのは無理だ」と、頭を抱えていませんか。見ざる、聞かざる、言わざると逃げていては、これからの社会で楽しく生きていくことはできません。現実をしっかり見て、多文化社会を自分らしく楽しく生き抜く方法を見出しましょう。本書はそのお手伝いをすることが目的です。実はちょっとした発想転換と工夫で、難しく見える状況を建設的で楽しい学びの場に変えることができます。

社会の多文化化が避けられないのですから、多文化社会から逃げたり、隠れたり、あるいは無視したりするのではなく、多文化社会を積極的に生き抜く、楽しむ、活用することを考えましょう。現代社会の現象として「ひきこもり」、「切れやすい人」、「ストレスでぼろぼろの人」の増加などが問題になっています。だれもがこれらの脅威からまったく自由であるとは言えないのが現代の複雑な社会です。だからこそ、人と積極的に関わることを通じて人に助けられ、あるいは逆に誰かの助けになりながら、このような病的な現象を回避していきたいものです。そして、自分の力を発揮でき、社会に貢献でき、満足感の持てる充実した生活をおくれるようになりたいと願います。

その基本となるのが人間関係力だと筆者たちは考えます。知識や技能も大切ですが、それらを充分に生かすのは、人と良い関係を築くことができる力、人間関係力だと考えます。

第1章で人間関係力について詳しく述べますが、本書では自ら人間関係力を養うためのヒントをたくさん提供すると同時に、その力を育てていくために、どのようなことができるのかも考えていきます。

多文化社会での人間関係力を探求していくうえで筆者たちが大いに参考にしたのはサンフランシスコ州立大学の心理学者マツモトの異文化適応のための四つの心理的要素です（マツモト一九九九年、二〇〇三年）。マツモトは異文化適応に必要だとされる要素を過去の研究からリストアップしました。そのリストは七六項目にも及びました。健康な身体、語学力、業務能力、相手の文化社会に対する予備知識などが当然ふくまれています。しかし、マツモトはそれらの項目の中でも精神的要素と心理的要素に注目しました。それが、その他すべての要素の基礎になるものだと考えたからです。そして、その要素をより具体的に把握するための研究をした結果、四つの心理的要素を抽出しました。それらは、①自尊心度・自己受容度（人格要素）、②曖昧なことに対する忍耐度（感情規制要素）、③批判的な考え方と創造性（批判的思考要素）、④開放性と柔軟性（オープンネス要素）です（マツモト　一九九九年）。

筆者たちは長年にわたって学校教育と企業での国際理解研修や多様性研修に携わってきましたが、マツモトのこれらの要素は私たちが多文化社会で生きていくために必要な能力であると確信しました。そして、これらの要素に自律力・責任感とコミュニケーション力という二つの要素を加えた六要素を資質（能力）として本書で提示します。人間関係は、コミュニケーションという行動で初めて形になるものです。第2章から第6章までは、コミュニケーションにおける私たちの「在り方」についてです。言い換えれば、コミュニケーションに求められる「資質」です。コミュニケーションには「在り方」と「やり方」があります。第7章の「コミュニケーション力」だけが、「在り方」に加え、「やり方」をも含みます。

これらの六つの能力、資質は、私たちが多文化社会の中でまわりの人々と良い関係を維持していくのにとても大事な力です。ある意味、理想かもしれませんが、これらの資質が一つの方向性を示して行ければ良いと私たちは願っています。

ことばは大きな力をもっています。ことばは私たちの認知、思考構造を反映するからです。したがって、私たちはことばによって子供の精神構造、思考、世界観の形成に大きく関わっています。忘れてならないのは、子育ては親だけでなく、関わるボランティアや周りの大人が等しく担っている社会的なプロセスでもあるということです。また、子育てには絶対正しい方法とか、成功を保証する方法などないことです。グローバルコミュニケーションでもまったく同じことが言えます。唯一の正解など存在しません。脳に汗をかき、徹底的に納得いくまで話し合いながら、自分たちの正解を創造的に探すことしかありません。

学生も発展途上の大人です。大人は経験から、多くの状況に対応する自分なりの答えを持っています。したがって、後輩やバイト先の部下に対しては、相手の話をじっくり聞く、相手の気づきを促し考えを深める質問をする、相手に展望を持たせるための情報を提供するなどの態度とコミュニケーション・スキルは人間関係力の基礎となります。

これからの社会は、大学には留学生が増え、海外から多くの方々が働きに来ていますので、これからますます、日常の社会で接する外国人の数も急上昇するでしょう。企業によるM&Aなどで変化に富んだ多文化環境ができていますので、多文化人間関係力がものを言う世界になります。多様なものの見方、考え方、仕事の仕方、評価の仕方をもつ人々と協働し、結果を出していくことが社会人に求められています。学生は、その準備段階にいます。部活やプロジェクトを通して大いに多文化社会での人間関係力を試し、育んでいってください。自らに、その多文化人間関係力がなければ、後輩や部下に納得のいく指導や協力関係を作るのは難しいかもしれません。多文化環境で求められるコミュニケーションを磨くことから始めましょう。

昨今「二〇四五年問題」が騒がれています。それは、ＡＩ（人工知能）が人間を凌駕するかもしれない、と言うことです。このような時代において、まさに多文化人間関係力が今まで以上に求められていくことでしょう。社会の怒涛のような変化に対応するためには、創造性を育み、それを活かし、柔軟にかつ強く、そして人間関係力で互いを助け合う力、これが今後不可欠になることに変わりはありません。自分のペースで、少しずつ少しずつ変わり、そしてそれを喜び成長して行きたいものです。

第1章

人間関係力

発想の転換の勧め——「人はそれぞれホントに違う」

人と心が触れ合う時、私たちはとても幸せを感じます。こうした時間を多く持ちたいと思います。文化的背景の違う人々とも平和に、建設的にそして満足感を持って生活していきたい、一言で言えば、他の人とも仲良くやっていきたいとは、誰もが願うことです。このためにはどのようなことに留意し、何を伸ばせば良いのでしょうか。それを一緒に考えましょう。

グローバルコミュニケーションとは、背景の違う外国人とのコミュニケーションのことを指します。しかし、日本人の間でも常識や価値観が違う人がいます。例えば、大阪の人と東京の人です。これらを故郷に持つ人たちは、ときにはお互いまるで異文化の人たちに見えることがあります。異文化の人たち以上に違うことだってあります。一方で、日本人の会計士とドイツ人の会計士。国籍は違いますが、価値観や物の考え方が結構似ているものです。日本人の会計士と日本人の農業従事者以上に似ているところがあるかもしれません。こんなふうに考えると、「自分以外の人はみな、異文化の人」、文化背景がどこかで異なる人と考えることができます。

本書では、日本人同士でも、出身地が違うとか、職業が違うとか、性別が違うとか、このように背景が違う人たちを「異文化の人」と捉えます。こうした発想の転換そのものが、地球が急速に小さくなっていくプロセス、つまりグローバル化する今、一人ひとりができることの一つだと考えます。相手が異民族の人間だと思うと、怒る気がしない、ということはありませんか。「所詮、一〇〇％わかるわけがないのかも……」とあきらめの気持ちであったり、「しょうがないか、相手は違う価値観を持っているのかもしれないから」と思えたりします。この一歩も二歩も引いた、自分のエゴを抑えたとでも言うのでしょうか、この考えそのものを日本人同士にも適用すると、ねばり強く対応できます。これがポイントです。

誰かと話がかみ合わないとき、わかってもらえないとき、「すぐにわからなくて当たり前」、「簡単にわかるはずがないのかも」と自分に言い聞かせてみたらどうでしょうか。「わかるはず」と思うから落胆もすればイライラもします。「すぐにわからなくて当たり前」、「すぐにできなくて当たり前」と考えると、頻繁に、そして密度濃くコミュニケーションをとるようになるでしょう。相手は異文化、と考えれば、私たちは忍耐強く向きあいます。エゴを少しは抑えて、相手の声に注目します。声の微妙な違いをわかろうとします。例えば、赤ちゃんとの会話を思い出してみましょう。赤ちゃんの言語はわからないのですが、その意図をわかろうとします。

感情は思考から攻める

次に重要な点は、自分の感情のコントロールです。異文化に対応しようとすると行き違いや誤解が頻繁に発生します。そして、心が苛立つかもしれません。私たちが異文化の人々にうまく対応できるかできないかは、自分の感情をどれだけコントロールできるか、また相手の感情にどれだけうまく対応できるかに大きく関わっているとマツモトは言っています。

感情は私たちの生活にとって非常に大切な要素です。感情は、生活に意味と価値を与えます。悲しみ、怒り、嫌悪、恐れ、苛立ち、羞恥などの感情も自分を知るため、または、自分と相手との関係や、自分とこれらの感情の原因となるものについて知るための大切な情報です。幸せな気持ち、喜び、満足感、興味や好奇心なども大切な感情です。

感情は私たちの動機と非常に密接に関連しています。悲しみや怒りは楽しみや喜びと同様に行動の動機付けになります。感情を研究した心理学者シルバン・トムキンは感情こそが動機であると提唱しています（一九六二、一九六三）。そして、感情が人の行動を決定すると言っています。マツモトは、異文化適応力、多文化共生力を解明するに当たって、感情という重要な側面に焦点を当てて捉えています。

多文化社会では問題を納得のいく形で解決するには、まず感情をしっかりコントロールする必要があります。感情はエネルギーです。英語で書くと「エ・モーション」(emotion)、エは「エネルギー」のエ、モーションは「動き」。つまり、感情とは、エネルギーが動いていることを指しています。その感情を破壊的なエネルギーとして使うのではなく、建設的なエネルギーとして使えるようにコントロールすることが大切です。少し話はそれますが、異文化適応ばかりでなく、結婚生活においてもこの問題解決能力が大きく関わっているとマツモトは指摘しています。長年結婚生活を送っている夫婦を研究した心理学者は、結婚に対する満足感はどれだけ多くの良い経験を共有したかに比例するのではなく、どれだけうまく意見や嗜好の違いから生じる問題を解決することができたかによると言っています。つまり、問題解決能力が幸せな結婚生活の鍵だと言っているのです。これと同じように多文化共生の場合も、問題解決能力が成功の鍵であると言えるでしょう。

問題解決に感情はどのような作用を及ぼすのでしょうか。子育てをした経験のある人は、小さい子供でも非常に道徳的な行動をとることができることを知っているでしょう。例えば、悲しんでいる子に自分の大好きなおもちゃを貸してあげたり、忙しげなお父さんやお母さんのお手伝いをしようとします。ところが、その同じ子供が怒ったり、苛立ったりしている時は、まったく異なる反応を示します。同じような状況の中で、逆に泣き叫んだり、だだをこねます。このように、子供の思考と行動は本能的な対応パターンに退行してしまいます。思いやりのある行動をとれないのは、否定的な感情によって思考が本能的なレベルに閉じこめられてしまうからです。

退行は子供や十代の若者だけに起きることではありません。大人も怒りによって退行することがあります。傷つけられたときや怒りに支配されているとき、人はバランスのとれた思考ができなくなり、暴言を吐き、破壊的な思考、行動、感情に退行します。表面に表れる言動には大人と子供ではかなりの違いがありますが、背後の心理にはそれほどの違いはありません。

自分の望まない状況に置かれると感情が否定的な方向に進みやすいのですが、いったん否定的な方向に進みはじめると人はその感情に支配されてしまいます。普通の精神状態のときは、冷静で公平な判断ができる人でも、否定的な感情に支配されてしまうと頭が働かなくなり、偏った判断しかできなくなります。

異文化に適応していく過程では、自分の予想しなかったような事態にたびたび遭遇します。行き違いや混乱を避けて通ることはできません。自分の常識では起こりえないようなことが起きた時の不快感、恐れ、疑い、嫌悪などの感情を建設的な方向に方向転換できるかどうかが、良い対応ができるかどうかの鍵なのです。

つまり、自分の望まない感情に支配されるのではなく、その感情を生まれたばかりの「弱い状態でつかまえ留めおき」、このような感情に動機づけられた行動に出ないことによって、望まない感情の増幅を許さないことです。このように感情のコントロールができると、冷静で公平な思考と判断が可能な状態を維持することができます。事態をいろいろな角度から捉え、分析し、説明がつかない場合は、関連する新しい情報を得るための努力をします。すなわち、行動に出る前に正確に事態を把握しようとします。こうすることで、自分が持っている既存の枠を超えたさまざまな角度からの分析や思考を経て、新しい理解に達することができます。このような多面的分析思考ができれば、事態の捉え方ばかりでなく解決の仕方にも選択肢が増えます。そして、新しく見出された選択肢に対して、柔軟でオープンな心と態度で臨むことが肝要です。このように、多文化共生状況で効果的に問題解決できるかは、多面的分析思考ができるか、柔軟でオープンな心と態度を持てるかにもかかっているといえます。

感情が先か思考が先かは、鶏と卵の関係のようなものです。感情をコントルールできることで思考が正しく働くことができますし、多面的思考をすることで問題をいろんな角度から見ることで感情が収まることもあります。ただ、「相手は、自分と違う人」、この事実を頭だけではなく、もっと深いレベルで知ることは大事です。そうすると、自分が怒っていることが自分の常識の枠内での判断であることに想いが至るからです。相手に常識があり、私にも常識がある、そして、それらが違うのですからぶつかるわけです。そこで、怒りに任せて相手を切り捨てるのではなく、感情的になったら、一旦立ち止まってみることが肝要です。

人間関係力の六つの要素／資質

マツモトによると、異文化に対応するときに必要な心理的要素は次の四つです。

①自尊心・自己受容（人格要素）
②曖昧なことに対する忍耐度（感情規制要素）
③批判的な考え方と創造性（批判的思考要素）
④開放性と柔軟性（オープンネス要素）

これら四つの心理的要素は、多文化共生能力の中核を成す不可欠な要素です。どんなに自文化や相手の文化について詳しい知識があり、高度の語学力を持っていても、自己受容ができ、自分の感情を管理し、状況を多面的に分析し理解でき、新しいものの見方、考え方、やり方にオープンであり、柔軟な行動をとることができなければ、多文化共生能力は育ちません。反対に、これら四つの心理的能力を持っているなら、異文化での問題に建設的に対処できるばかりでなく、人間として豊かな知恵を養い、多文化社会に溶け込み満足感のある充実した生き方ができるでしょう。

本書では、これら四つの異文化対応、多文化共生能力を基礎におきながら、**⑴自己受容と自信**、**⑵感情管理**、**⑶多面的思考と創造性**、**⑷自律・責任感（相互依存）**、**⑸オープンな心と柔軟性**、**⑹コミュニケーション力**、以上、六大資質／能力が人間関係力を構成すると提唱します。これらは、これまで多くの研究者によってその重要性が指摘されてきたものです。

⑴　**自己受容・自信**：多文化社会で能力を発揮できる人は先ず、自分を肯定的に受容します。良い点も悪い点も、強いところも弱いところも、知的能力も感情もすべて含めて、正確な自分を把握し、その自分を温かく受容します。言い替えれば、自己肯定感です。そして、自分が困難や理解できないことに直面しても、必ず生き抜けるという自信を持っています。些細なことで自信を失ったり、人の言いなりになったり、人に頼ったりしません。自分が納得できることを大切にします。

⑵　**感情管理**：対立やストレスがある状況でも自分の感情をコントロールでき、冷静に思考し判断し行動に出ます。感情に支配された行動に出ません。激情のエネルギーを建設的な方向に転換することができます。理解できない状況、説明できない状況に遭遇しても、過度に苛立ったり、不安にさいなま

れてもそのまま行動に移すことはありません。自分のものさしで相手を解釈・判断するのではなく、冷静に待つ、または情報収集など必要な行動に出ることができます。

(3) **多面的思考・創造性**：予期せぬ事態に創造的に対処できます。状況を把握するステップとして、多面的分析思考ができます。一つの枠にはまった見方ではなく、複雑で抽象的で多面的な分析思考ができます。多面的分析思考の結果導き出される対応策は、従来どおりのものであることは稀です。創造的な発想と対応行動は多文化社会を生き抜くための大切な特質です。

(4) **自律・責任感（相互依存）**：自分で自分のことはできます。人に頼ることなく自らの生き方を探し当て、その道を歩むことができます。自分に責任を持つと同時に他者との関わりにおいても、責任を担います。自分の人生、行動結果に責任をとります。まわりの人々の責任を問う前に、自分のことに関する責任は自分に問います。問題が生じたとき、まわりの人にリードしてもらうのを待つのではなく、問題解決のために自ら行動する責任を自覚しています。自律した個人であるからこそ必要なときは素直に助けを求めたり、人を助けたりなど社会的責任を果たすことができます。

(5) **オープンな心と柔軟性**：新しい経験、考え方、感情に対してオープンな態度を持っています。先入観に捉われません。新しいことに積極的で、新しいことを歓迎します。また、新しい経験、考え方などから得た刺激を受け止め、従来の考え方や対処方法、行動を柔軟に変えることができます。

(6) **コミュニケーション力**：自己表現力と傾聴力があります。場面状況に応じて、自分の感情、意志、考え、要望、要求を適切な形で表明することができます。言葉による自己表現力があり、会話力があります。相手の意見に対して判断を保留して耳を傾けます。相手の言っていることを注意深く、丁寧に聞きます。このとき、先入観を持ったり、性急に判断を下したりするのではなく、相手の立場、相手の気持ちに共感を持った態度で聞きます。そうすることで相手のものの見方、考え方を理解することができます。

人間関係力に必要な資質（能力）、特に日本人に必要でかつ効果的であろうと思われる資質を提唱しています。これらの資質は、身に付けたい「理想」であり、人間関係においての目指す方向性を指し示しているものです。これらの資質を全部、絶えず、そしてトップレベルで兼ね備えている人は一人もいません。どのようにコミュニケーション力を向上させたら良いかの一つの指針として使っていただければ、と思っています。

Do It Yourself! 実践

エクササイズ ❶ 一般化しすぎに注意！

自分と違う人とうまくやっていく、外国の人とうまくやっていくには、その人となりをよく見る、その人の個性と付き合うことが大切と言われます。さて、次は、よく聞かれる会話の一部です。職場や学校において「多様性」を尊重するという視点から以下の表現でおかしいと思われる表現に下線を引いてください。直感でやってください。下線を引く必要がないと感じる場合は、引かなくてもオーケーです。

《会話 1》

山口（男）：さすが、男は鋭い！

鈴木（男）：それはそうさ。女はおばさんになると、どうもいろいろな面で鈍くなるよなあ。でもさ、栄子さんはすごいぜ！　さすが、女は、英語がうまい、とつくづく彼女を見ていると思うよ。ところで、栄子さんって独身だっけ？　優秀すぎるのも女としてはちょっと困りもんかもしれないな。

《会話 2》

佐藤（女）：まったく、みんな親父なんだから……！　ところで、あなたたち、男なんだから、女の腐ったのみたいに、噂話なんぞしてないでよ。

▶解説は 31 ページ

エクササイズ ❷ 普遍性も大切

人間として、「してはいけない」と思うことを３つあげてください。

1. 殺人

2.

3.

4.

人間として進んでやるべきことを３つあげてください。

1. 相手を思いやる

2.

3.

4.

▶解説は 33 ページ

エクササイズ ❸ 理由を考えよう

お題に対して、3回のなぜ、という質問をしてください。お題の答えに対してではなく、お題に対してブレーンストーミング的に答えてください。

〔例〕殺人はダメ

①なぜ？　人を泣かせるから

②なぜ？　相手の命を取る権利は誰にもないから

③なぜ？　自分が生きたいと願うように人も生きたいと願っているだろうから

1. 多様性を尊重しなければならない。

①なぜ？

②なぜ？

③なぜ？

2. 挨拶はした方が良い。

①なぜ？

②なぜ？

③なぜ？

3. 人は、好きなことをしたら良い。

①なぜ？

②なぜ？

③なぜ？

▶解説は 33 ページ

解説

▼エクササイズ１

▼回答例

《会話１》

山口（男）：さすが、①男は鋭い！

鈴木（男）：それはそうさ。女は②おばさんになると、どうもいろいろな面で鈍くなるよなあ。でもさ、栄子さんはすごいぜ！　さすが、③女は、英語がうまい、とつくづく彼女を見ていると思うよ。ところで、栄子さんって独身だっけ？　優秀すぎるのも④女としてはちょっと困りもんかもしれないな。

《会話２》

佐藤（女）：まったく、みんな⑤親父なんだから……！　ところで、あなたたち、⑥男なんだから、⑦女の腐ったのみたいに、噂話なんぞしてないでよ。

①男
　あたかもすべての男性が鋭いと錯覚している、このような表現は意識して避けていくとよい。

②おばさん

これも一般論で年上の女性をひとくくりにしているのが問題です。それも否定的なイメージを持たせて、自分は良い気になっているようです。

③女

女性がみな英語がうまいわけじゃなし、鈴木さんももう少し個別に対象を捉えると良いでしょう。ともすると一般論は簡単ですが、誤解を生みやすいし、自分が考える時にも目が曇ってしまいます。

④女

男性は優秀でよい、という暗示が見え隠れします。性別で言えることではありません。日常会話だからそんなに目くじらを立てることもないかもしれないのですが、時おり、日常の自分の言動に注意することで、大きな問題になることを避けることができます。

⑤親父

相手を否定する、けなす、など否定的なことをするときには、特にステレオタイプ化（事実に基づかない一般化）に注意したいものです。最近は、中年男性が可愛いという若い女性も増えて来ていて、そこには時代の推移を感じます。しかし肯定的な反応ではありますが、これも一つのステレオタイプ、肯定的ですが事実を反映しているわけではありません。

⑥男

男は噂話はするものではない、と言い切っていますが、はたしてそうでしょうか。女性はしても良いのでしょうか。そもそも佐藤さんは自分が女性であるにもかかわらず、女性を軽蔑した言い方をしていることに気づいていないのが問題です。特に職場では、噂話は、女性も男性も避けるべきです。

⑦女の腐ったのみたい

男尊女卑の表現です。特に公では避けたい。日本語はこうした表現がかなり多い言語です。例えば、「姦通」には女が3人であり、男が3人ではこの熟語は成り立ちません。グローバル社会の中では、日本語の特徴を抑えつつ、こうしたことに意識を向けていくことは大切なことです。

▼エクササイズ2

前のエクセサイズ1で見たように　般化のしすぎは危険なので要注意です。いわゆる、決めつける行為がこれに当たります。しかし、エクササイズ2のように人間として大半の人が共有している普遍的なものもあります。これらの普遍性を自覚し大事にしたいものです。

▼エクササイズ3

これは、頭の体操です。答えはなんでも良いのですが、最低3つは出したいものです。企業では「5why」や「7why」と言って問題を様々な視点から見られるように一つの問題に対して5つの答えや7つの答えを探すべく、実践していると聞きます。ぜひ、遊び感覚でクラスメートや友達とやってみてください。

第2章

人間関係力の資質その1
自己受容

今の自分をありのままに受容する

自分に二十四時間、一〇〇%満足している人は誰もいないでしょう。一見、自信過剰に見える人でも、自分に満足していない何かが奥に潜んでいるものです。そして、一時的にそういう状態に陥ることはよくあることですが、四六時中自分にまったく自信が持てないとか、自分が嫌で嫌で仕方がないという人もそんなに多くはありません。程度の違いですが、自分をありのままで受け止めることができる力は、人間関係をうまくやっていくためには大変大事な資質と言えます。むしろ一番大事と言えるかもしれません。

まずは自分との人間関係が先決です。それがあって、他人との人間関係があると言えます。自分がそのままの自分を受け止めることができるということは、自分との人間関係をうまくやっているということにつながります。自分との人間関係がうまくいかない人が、多文化社会でのいろいろな考え、価値観、ものさしを持った人々とどうやってうまくやっていけるでしょうか。自分が自分とうまくやっていけてるかどうかは、すべての人間関係の基本になるのです。違う人とより良い関係を保つ、そのためにはまず、自分とより良い関係を保つ、人間関係の要となる「自己受容」をここでは一緒に考えていきましょう。

人前でうまく話せない（山田さんのケース）

事例 1

山田さんは、人前で話すのが苦手な方です。うまくいけば、相手に緊張を悟られずに済みますが、話につまってしまったりすると、真っ赤になって、誰の目にも山田さんの緊張は明らかです。何年も困っています。自分のそういう弱みが嫌いです。うまく、平気でしゃべれたらいいな、と思っています。会合などでは、一回でも発言をするよう自分の課題としているのですが、手をあげられないことも多くあります。そんなときは会合終了後、自己嫌悪に陥ります。また克服できなかった、と落ち込むのです。

そんな山田さんだからか、ほかの人が緊張して真っ赤になっていると、ちょっとした不快感を感じるのです。「なんて嫌なんだろう」と思うのが正直なところです。無意識に相手と自分を重ねているのかもしれません。山田さんには相手に対する同情が生まれる余裕はないようです。

〈振り返りポイント〉

さて、自己受容の観点から山田さんは、どの程度の自己受容ができていると思いますか。山田さんの自分に対する自信のほどは、どのぐらいだと思いますか。あなたには、似たようなことや、思い当たるようなことはありますか。

この山田さん、自分のことが丸ごと受け止められないでいます。つまり自己受容が部分的にしかできていない、と言えるのです。他人の面前で話そうとすると赤面する、そんな自分に腹立たしささえ感じるようです。その結果、同じような傾向を持つ人を見ると、自分に向ける感情をそのままその人にもぶつけるのです。「ひとは、自分にするように相手にする傾向がある」とはまさにこのことなのです。「ひとは、自分にするように相手にする傾向がある」は、ほかのさまざまなことにおいても言えるようです。例えば親が、親自身の気弱なところが昔から悩みの種だったとしましょう。子供に同じ傾向が見えると、それをモグラたたきでもするかのように、容赦なく責める、ともすると自分にする以上に相手を責めることもあります。

自分を丸ごと受け入れる、これは、きっと一生かかってもできないことなのかもしれません。しかし少しずつ自分を受け入れるたびに、きっと生きることが楽になっていくはずです。同時に相手を受け入れることもできるようになっていきます。一つひとつ自分のさまざまな傾向をより多く受け入れることができるようになることが、より楽に生活していくコツのようです。文化背景の異なる人々と平和に建設的にそして満足を感じて生きていけるコツとも言えます。誰といても、どこにいても、自分からは逃れられないのですから。

さて、山田さんが赤面する自分を批判せず、そんな自分を丸ごと受け入れたと想定してみます。人の面前で発言がなかなかできない自分、そんな自分にも寛大に、プラスに接っすると、例えば、こんなふうに自分に接することができるでしょう。

「今日も発言できなかったね、でも、これが今の自分。次回はやれるかも。そうだ、質問したかったら今度はアレコレ考えずに、迷わず、挙手をしてみよう！」

こんな具合に、自分を受容すると、前向きな気持ちになることができます。創造性も生まれます。自分を否定しない分、また自分と戦わない分、自分のエネルギーが温存されることになります。つまり、余裕があります。それを繰り返していくと、結果として、より早く、小さな成功につながってきます。ひとは自分の長所からのみ、社会の役にたつことができるものであり、長所を伸ばしていくと弱いところも引き上げられることがあるものです。何をしても、どう失敗しても、自分のすべてを受け止めます。もし、失敗したら、その方法は良い方法ではないことがわかった、のです。こうした中には、そこに自己批判や自己否定はありません。自己受容のみです。自己肯定とも言います。そしてこの小さな自己受容の積み重ねが、自分に「自信」を持たせてくれるのです。

自己受容の高い人は、言い換えれば「自分と仲が良い」人と言えます。先の言葉を再度引用するなら「ひとは、自分にするように他人にする傾向がある」わけですから、「自分と仲が良い」人は、「他の人と仲が良い」人と言えるのではないでしょうか。楽に生きていくひとつのコツは、この「自己受容」、または「自己肯定」だと考えます。

具体的に、自己受容をしていくために何ができるのでしょうか。お勧めは、眠る前に自分を三回褒めることです。その日を振り返り、極々小さなことで良いので、頭の中で一人で言ってみることです。日記に、褒めたいことを単語三つか、三行ほど短く書いても良いでしょう。日記と言っても毎日必ず書かねばならないと決め込むと、なかなかできるものではありません。書ける時は必ず書く、しかし、書けなかったら飛ばせば良いのです。大事なことは続けること、最低三週間、できたら、さらに三ヶ月は続けてください。

・「今日は、テレビを見たかったけど、がんばってたまっていた仕事を先に終わらせた、偉い！　よくやった！」
・「本当は、もっと仕事をしたかったのだけれど、体の疲れを感じたので素直に体に従って今日は長風呂にした。自分を大切にしているね！」
・「今日、お客さんの前で、本当は腹が立ったので怒り出したかったけど、じっと耐えた。なかなか、やればできるじゃん！」

などなど、なんでも良いのです。小さいことで十分です。見つからなかったら、探してみましょう。または、最初は褒めることが見つからなかったら、その日の楽しかったことを三つ挙げることでも構いません。自分を褒めることも、楽しいことを考えることも、そのうち習慣になり、知らない間に無意識に行うようになります。そうしたら占めたものです。まわりの人にも知らぬ間にそのように対応していくことになるでしょう。

他にも効能があるとＵＣバークレー大学のリック・ハンソン博士は言います。良いこと、楽しいことを十秒～十二秒考える体験を通して、脳神経が刺激され繋がり、強化されていくと言うのです。もともと脳には心配や恐れのような「ネガティブ・バイアス」が強くありますが、楽しいことや良いことをその度に体験することで、この「ネガティブ・バイアス」が少し薄まり、より健全にバランスがとれると述べています。

●外泊する娘の責任と権利（姫子さんのケース）

事例 2

姫子さんは大学2年生です。最近、無断で友達の家に泊まることが多くなっています。部活の友人たちと部の人間関係について話し合っている間に、ついつい話し込んでしまうのでした。家には電話を入れるようにはしているのですが、時々は事後報告になり、すごい剣幕で怒られたりもしています。自分は精神的に友達関係のことで少し追い込まれていてそれどころではない、と言う感じさえしているところに、お母さんからちょっと外泊が多いとまた注意され思わず叫んでしまいました。「私を信用していないの。私は変なことはしてないわ。遊びまわっているわけでもないのに、どうしてそううるさいの！　やめてよ。もっと信頼してよ、うざったいな、もう！」とつい切れてしまいました。お母さんは、明らかに怒った様子で、「こんなに心配しているのがわからないの?!必ず、電話入れなきゃダメじゃない。何度も言ってるでしょう！　それにあなたのように若い女性、まだ二十歳前の娘がそんなに外泊をするもんじゃないと言ってるでしょ！なんでわからないの！」と言います。姫子さんは、「うるさーい」と叫び、ドアをバターンと閉めて立ち去りました。ところが、部屋に入りしばらくすると罪悪感でお母さんに申し訳なく、かつ自分をコントロールできない弱さに腹立たしくも感じてベットに横たわったまま天井を眺めていました。「自分はなんてダメなんだろう、あんなことぐらいで叫んで…お母さんは心配してくれているのに…」と自分を嫌になってしまいます。

〈振り返りポイント〉

さて、姫子さんは、自己受容がどのぐらいできているでしょうか。自己受容の観点から、話し合ってください。あなたは、似たような経験がありますか。その時に、自分を姫子さんのように責めたのでしょうか。どう対応したのでしょうか。

このような親子ゲンカはよくあるものかもしれません。そして、お母さんに怒鳴ってしまった自分を責め、お母さんにある種の罪悪感を持つのも自然なことでしょう。しかし、ここで大事なことは、姫子さんが罪悪感を感じているなら、そして、自分の弱さに気づいているなら、素直にお母さんに自分の状況を話し、気持ちを伝えてみることです。部活の友達関係のこと、感情を爆発させてお母さんに悪いと思っていること、そして、そんな自分は弱くて嫌だと思っていることを直接に話してみてはどうでしょうか。そうしたら、お母さんも素直に気持ちを話してくれるかもしれません。こうした話し合いを持てることは、自己受容を高めるのに良いだけではなく、親子のコミュニケーションがさらに良いものに発展することにつながることでしょう。

ところが、こうしたことを話さないでそのままにしていると心のしこりが処理されずに残ったままなので、次にまた何か些細なことが起きると、さらに大きな喧嘩に発展しかねないものです。また、お互いの信頼関係にヒビが入ってしまうこともあるでしょう。ですから、どんな小さなことでも、その時その時に話し合うことはとても大切なことなのです。互いの信頼関係を強固なものにしてくれます。

ひるがえって、お母さんはどうしたら良かったのでしょうか。母親として姫子さんに、大人としての責任ある行動をとる大切さを教えることができます。外泊するときは、家族にいつ誰とどこにいるかを知らせておくことが、彼女の責任ある態度と言うものです。責任ある態度を示すことで、初めて自分の権利を主張できること、そして初めて信用してもらえることを学ぶことは、大事なことです。どんな異文化状況であろうと、相手が誰であろうとも、この点は同じです。さて、姫子さんですが、責任を取ることで自己受容度が高まることを知る、ちょうど良い機会となるでしょう。

兄弟と比較され自己嫌悪に悩む（桜井さんのケース）

事例 3

大学生の桜井さんはとても憂鬱です。自分がなさけない人間だと思っています。成績は悪いし、兄弟よりスポーツの面でも劣っています。小さい頃から親や親族は、よく自分と兄弟を比較してきました。さらには、外見も見劣りがすると自分では思っています。

家でも外でも人にどのように接していいのか、どのようなことを話したらいいのか分からなくなります。だから、学校がないときは自分の部屋にいて、漫画を読むか、ゲームをするか、ただボーッとして時間を過ごします。

〈振り返りポイント〉

さて、桜井さんは、自己受容の観点から見てどのぐらい自己受容していると思いますか。自信の程度は、どうでしょうか。今後、自己受容や自信の観点から何をしたら良いと思いますか。あなたは、これに似たような経験を持ったことはありますか。その時、どう、対応したのでしょうか。

桜井さんは自己受容の心が育っていません。自分は情けない人間だと信じ込んでいます。でも、本当に桜井さんは劣っているのでしょうか。親が、兄弟と桜井さんを比較してどうだこうだと批判しますが、桜井さんは、小さいころから兄弟と比較され、常に劣っていると言われ、そのようにしか自分を見ることができなくなっているだけなのかもしれません。

しかし考えてみてください。体格、顔立ち、成績、スポーツなどは人生のものさしのほんのひとつに過ぎません。それ以外のたくさんのものさしがあるのですが、桜井さんはこの限定されたものさしでしか自分を見ることができていないようです。親が使ったものさしを通してしか自分を見ることができないようです。自分に対する親の評価がすべてになっています。確かに、小さいときにはそういうものですが、成長するに従い、親が提供してくれたものさし以外にも選択肢があることに気づくものです。例えばそれは、趣味などです。数多いものさし、つまり選択肢をもつことが自己受容の心につながっていきます。

自己受容がどちらかと言えば低いかな、と思う人は、大勢いるものです。著者自身も若い時はそうでした。そこでお勧めは、まず、他人と自分を比較しないことです。この他人と比較する行為は、習慣化し、社会の隅々にまではびこっているように見えます。しかし、そこから自由になり、楽になることも自分次第です。比較をするなら、昨日の自分と比較しましょう。1年前の自分と比較し、自分が前よりマシな人間になって居るかな、とチェックして見るのです。さらに、比較の物差しを新しくしましょう。これまで使用してきた物差しである、学業、外見、経済状態、など以外に自分の「長所」を計る物差しを採用するのです。例えば、虫好きな人は、どのぐらいの種類を知っているか、とか、採集している虫が何匹に至ったか、などです。または、辛抱強い人は、辛抱強さを計る物差しを使ってみてはどうでしょうか。単純作業に何時間自分は辛抱できるか、またはひょっとしたらそれをどのぐらい楽しめるのか、とかです。

親や世間のものさしで自己受容が低く育った人も、大学生以上になれば、自分の力で自分を変革していくこと、成長していくことができるものです。その責任は自分にあり、親にはすでにありません。言い換えれば、自分を変えたい、と思う人は、自分にその自由があると言えるのです。自分にそのコントロールがあるのです。容易いことではないですが、変える欲求が強ければ、必ずできることなのです。そして、自己受容を育てていくのは実は、楽しい旅でもあるのです。

●子供の争いを好まぬ大学生のボランティア（佐々木さんのケース）

事例4

大学1年生の佐々木さんは、地域で子供達の面倒をみるボランティアをしています。将来の夢は、保育士さんか小学校の先生になりたいと思っています。四歳になる真理恵ちゃんが砂場でトンネルを作って遊んでいると、同じ年の新ちゃんがやってきて無言で踏みつけて壊してしまいました。そして、その場所から真理恵ちゃんを追い出そうとしました。佐々木さんは、即座に新ちゃんに言いました。「そんなことしちゃ、ダメでしょう！　悪い子のすることだよ。わかった！」しかし、新ちゃんは黙って俯いているだけでした。これ以上放っておくとけんかになると思ったので、佐々木さんは「真理恵ちゃん、こっちにいらっしゃい。喧嘩したくないものね。ここで、遊びましょう」と真理恵ちゃんを、別の場所で遊ぶようにと呼びかけました。真理恵ちゃんはしぶしぶ佐々木さんのところに来ましたが、もとの砂場で遊びたそうにしています。

〈振り返りポイント〉

さて、佐々木さんは、子供達の自己受容を育てる観点から見るとこの場合どうしたら良かったのでしょうか。あなたがボランティアなら、どうすると思いますか。それぞれの自尊心に、どんな影響があるでしょうか。

この場合、砂場ではなく、別の場所で遊ばせようとした佐々木さんの呼びかけは妥当でしょうか。真理恵ちゃんはきっと心の中では新ちゃんに場所をゆずることに納得していません。このような場面で、けんかを常に避けて、自分の気持ちを押し殺すことを大人が子供に要求してしまうと、自尊心のない子供に育ってしまいます。むしろ佐々木さんは、「新ちゃん、やめて。トンネルをこわさないで！」と真理恵ちゃんが新ちゃんに抗議するよう働きかけるべきでしょう。

佐々木さんは「新ちゃん、一緒にトンネル作ろうよ」と呼びかけ、二人が一緒に遊べる機会を作ろうとすることで否定的なエネルギーを肯定的なエネルギーに転換させることもできます。そうすれば、二人の子供の自尊心が尊重されます。そして、トンネルを壊してしまった新ちゃんに謝るように促すことも大切です。新ちゃんの行動は決してよいものではありません。小さくとも自分の行動に責任を取ることを学ぶことは大事です。これが自律につながり、かつ自己受容を育てていくのです。

ところが、佐々木さんは、二人の喧嘩を避けることを優先とし、それを選びました。そして、新ちゃんには、「…悪い子のすることだよ…」と新ちゃんの人格を否定するような表現をしています。新ちゃんの行為をいけない、と言うべきところを、やってしまった新ちゃんは悪い人、と言わんばかりです。こうした言い方は、相手の人格否定に繋がります。これは要注意です。新ちゃんは悪い事をしたのは事実ですが、「…悪い子のすることだよ…」と言われてどんな気持ちになったでしょうか。自分を否定された気持ちになったことは否めません。これでは自己受容を育てることは難しくなります。

さて、ことばで互いの要望を表明した結果、どうしても双方が満足する解決方法が見つからない場合もあります。どちらかが別の遊び場、別のおもちゃに移動しなければならないこともあるでしょう。しかし、その場合でも、初めからあきらめて逃げたとか、力に屈して負けたからではなく、互いに自分の意見を言うことを通した結果、状況判断をし選択できると言うことは大きな一歩です。こうした試みを重ねていくことが大事です。このように子供を支援する大人の関わりがあれば、きっと自己受容がよりできる人に育つのではないでしょうか。また、大人である私たちも、このような姿勢で問題に取り組むことが、自分の中の自己受容を確固としたものにするためには大事なことです。

ことばで自分の要望を相手に伝えることの大切さをこのようなプロセスを通して知っていきましょう。また、相手を力で踏みにじるのではなく、相手の要望を聞くことが有効であることもわかるようになります。言わなければわからない、聞かなければわからない、です。

すぐ他人に合わせてしまう（明君のケース）

事例５

明さんは大学生です。明さんは、人と争ったりするのが極端に好きではありません。ですから、自分の意見をあまり主張したことはありません。まわりの人の意見に合わせてきました。それなのにどういうわけか、人から非難されてしまうことがあります。白黒つけろと時々問い詰められ、だれにでも合わせてしまう自分はいったい何なのだろうと、自分でもわけがわからなくなり、やり切れなくなります。自分自身に無性に腹が立ってくることもありますが、猛烈な疲労感に襲われ、何もやる気がしなくなることもあります。

〈振り返りポイント〉

さて、明さんは、自己受容や自信の観点から見て、どのぐらいできていると言えるでしょうか。あなたは、どんなタイプですか。人に合わせる方ですか、それとも自分の意見をまわりの意見に関わらず、躊躇なく主張するタイプですか。どちらが良いとか悪いとか言うのではありません。自分の傾向を知ることが大事です。また、自分の意見を言いながら、問題を起こさないようにするには、どうすれば良いでしょうか。

このケースの明さんは、自分に自信がありません。だから、自分の意志を示すこと、責任を持つことから逃げています。意見を言うことで対立するのが怖いので人に合わせています。でも、人はそのような明さんにも他の人と同様に責任ある言動を期待し、それに応えられない明さんを非難します。明さんは、なぜこのように自信をもてないのでしょうか。過去に自尊心をひどく傷つけられて回復していないのかもしれません。家庭で無視されてきたのかもしれません。明さんの親が、明さんと同じような傾向を持った人だったかもしれません。また、常に、まわりの人々を立てるようにしつけられ、自分の気持ちや考えを育めない状態にあったのかもしれません。いろいろな原因が考えられますが、明らかに自己受容があまり育っていないようです。

明さんは、自分の意見を言うことイコール相手と争いになるかもしれない、と恐れています。しかし、私たちは、相手にいつも同意する必要はもちろんありません。さらに言えば、お互いの意見が違うから不快に思うのではなく、自分の意見を聞いてもらえなかったり、軽んじられるような扱いを受けるから、私たちは嫌に感じるのです。つまり、問題が起きるときは、相手の意見に自分が合わせないからではなく、相手の話をよく聞かなかったり、相手の人格を認めない言動をすることに起因しているのです。

ここで大事なことは、相手の話をよく聞き「相手の意見を理解する」姿勢を持つ重要性です。そのような姿勢で話を進めると、自分の意見を言い、他人の意見とくいちがいが生じたとしても、それ自体が何ら問題に発展することなどは、通常ないものです。自分の意見を言うことは、相手の意見とくいちがうかもしれませんが、自分にストレスは溜まりませんし、何より、相手から尊敬も得られるものなのです。（これをアサーション、またはアサーティブ・コミュニケーションと言います。）

相手の意見が自分と違うものであっても、それはそれ、と受け止めるのです。こうすることで、自分とは違う視点に驚きがあるかもしれません。そして相手の意見を聞くことができたら、次に自分の意見を「こんな意見を私は持っているんですよ」というような感じでやわらく伝えてみるのです。通常の日常会話は、意見の勝ち負けを決めるのではありません。どちらが正しいと言うのでもありません。ここを勘違いしている人も多くいるようです。いろんな意見を出し合うことでさらに良い考えが出てくるのです。こうして、私たちはお互いから学び合えるのです。いろんな意見があるから楽しいのです。これを繰り返していくうちに、自分への自信も徐々に上がっていき、かつ自己受容度が増していきます。

Do It Yourself! 実践

自分は、今の自分をどのぐらいありのままに受け止めているのでしょうか。自己受容度を見てみましょう。

エクササイズ ❶「私は恵まれている」

自分がどのぐらい恵まれているかを再確認してみましょう。恵まれていると思うことを書き出してみましょう。自分は恵まれているとは思えない人も、がんばって書き出してみてください。すべては相対的なものです。ここでは、視点をずらして物事をプラスに見てみましょう。

（例）

①「わたしは、食べ物がおいしく感じられます。恵まれているなあー、ありがとう」

②「友人の笑顔が私に元気をくれます。友人がいて恵まれているなあー、ありがとう」

③「今日の天気は、すがすがしかった。天気に恵まれたなあー、ありがとう」

④「父が元気でいてくれる、父に恵まれているなあー、ありがとう」

⑤「母は今でも笑顔がステキな人で私を安心させてくれる。ありがとう」

⑥「隣の人は、時おり挨拶を良い感じでしてくれる。隣に恵まれたなあー、ありがとう」

⑦「まわりの自然がとても美しい。私の日常は自然に恵まれているなあー、ありがとう」

①

②

③

④

⑤

⑥

⑦

⑧

⑨

⑩

（最低 10 個は書いてみましょう。）

▶解説は 58 ページ

エクササイズ ❷ 自己受容度を見てみよう

自分の短所、あまり好きではないと思うところを10個あげてみてください。

①

②

③

④

⑤

⑥

⑦

⑧

⑨

⑩

自分の長所、好きな所を10個あげてみてください。

①

②

③

④

⑤

⑥

⑦

⑧

⑨

⑩

▶解説は58ページ

エクササイズ ❸ 別な視点で捉える

前に書き出した短所をプラスの視点から捉え、書き出してみましょう。一つの短所に対し、一つの逆な視点、つまり長所を書いてください。ペアでお互いの弱点をプラスに変換する話し合いもお勧めです。

（例）私はタイムマネジメントが下手だ

ひょっとしたら、縛られたくないという気持ちが強いのかもしれません。つまり、自由を大事にするということでしょうか。それは見方を変えれば、長所ともなり得ます。それならば、何もくよくよせず、それはそれでオーケーです。しかし、このままでどの状況にも対応しようとすると、いろいろ摩擦が起きたり困った事が起きるから、必要なときはタイムマネジメントに気をつけるようにしたいものです。

▶解説は 59 ページ

解説

▼エクササイズ1

なんでも良いのですが、（例）のように、毎日最低五〜七個、感謝のことばを言う習慣をつけましょう。対象の数が三個ですと結構簡単なのですが、五個や七個になると、意識して辺りを見回わさないと見つからないことがあります。そこが、このエクササイズのミソです。意識して見回わし、日常当たり前と思っていることに改めて「感謝の念」を口に出して言うことで、当たり前なのだけれど、実はすごいことかも、と思えるようになります。

特に、自分は恵まれていない、自分は今落ち込んでいると思っている人にとって、これは必ず効果があります。まず二十一日間、やってみてください。

▼エクササイズ2

自分が自分をどう受容しているか、どう受け止めているかを知ることがねらいです。十個づつ書き出す試みをしてみましたが、いかがでしたか。短所と長所を書き出すときに、短所と長所のどちらがより書きやすかったでしょうか。自分の長所を多く書き出せるが、短所をなかなか書き出せない人がたまにいます。ひょっとしたら、自分に対する過大評価の傾向があるかもしれません。または、長所を伸ばしていこうと常に心がけている人かもしれません。逆に、短所はすらすら書けたが長所を書くのは苦手、という人は、日常、短所を直したい欲求が強い人、完璧主義に近い人だと言えるでしょう。また、自己受容度がやや低い可能性もあります。

ここでの目的は、自分はどのような傾向を持っているかを知ることです。人とより良い関係を作るためには、まず自分のことを知ることが基本であり、要だからです。「人は自分が自分にするように、相手にする傾向がある」とよく言われます。自分の欠点探しが上手な人は他人の欠点探しも大変得意、という事です。自分が他人にどう対応する傾向があるのかは、自分自身の傾向を知ることで、見て取れます。

自己否定する癖のある人は、「私には自己否定の傾向がある」とそのまま受け止めればよいのです。そのまま受け取るには、勇気が要るかもしれませんが、これが大事です。これが、自己受容です。自分を叱咤することもなければ、余計なエネルギーを失うこともありません。今は今、明日はまた違う明日、です。明日はどんな明日にしたいかです。自己受容することは、このようにエネルギーを余計に無くさないので、次へ進むためのエネルギーを自分に貯めておけるのです。エネルギーが貯まっている人は、落ち込んだ時にはい上がるためのエネルギーとして使えるのです。

▼エクササイズ3

この演習をやることで、長所も短所も入れ替わり自由、といった不思議な気持ちになるかもしれません。誰がこれを長所と決めつけたのか、誰がこれを短所と決めつけたのか、と言いたくなるかもしれません。私たちが抱いている自分に対するイメージは、親や社会などから伝わったものなのですが、それらは絶対のものではありません。私たちがそのイメージを張り替えることだってできるのです。欠点と思い込んでいる性格に反対のレッテルを張り替えて、これは私の長所です、と言う事だってできるのです。つまり、この世には絶対的な短所や長所はないということです。

どこか地球の片隅では、あなたの欠点をうらやむ人が大勢いるかもしれないのです。だって、あなたの欠点がその社会では「美徳」と見なされているかもしれないのですから。

つまり、短所は長所にもなりうるのです。理屈っぽいことが短所である、と嘆く人がフランスに行けば、「あなたは、できる人だ」と言われるかもしれない、といった具合です。フランスでは、ことばでしっかりと説明ができることは大変大事なことなのですから。

スキル演習 A

a. 初対面の人とうまくいくコツは何か？　《リスト作成》

1. まず、あなたが初対面の人と話す時にどんなことを意識していますか。または注意していますか。

2. 先に書いた以外に、何を気をつけると初対面の人と良い会話ができると思いますか。

3. さらに楽しむには、他に気をつけたいこと、努力したいことはありますか。あったら書いてください。

4. 書き終わったら、周りの人と見せ合いましょう。

b. 初対面の人とのコミュニケーション《実践》

1. 2重の円になって、外側は時計回り、内側は、逆時計回りで歩きましょう。

2. 音楽をかけながら音楽が止まったところで、出会った人と会話をします。先に出し合ったコツを思い出しながら練習し、会話を楽しみましょう。

3. 合図が鳴ったら、会話を終了、互いにフィードバックで良かったところを指摘し合いましょう。

4. 最低、3人は出会いましょう。

スキル演習Ａ ▶ 解説

大事なことは、スマイルで相手に近寄ることです。自分はスマイルは苦手という人は、仏頂面ではなく、せめて穏やかな表情を作る努力はしたいものです。私たちの大半は、初めての人にはそれなりに緊張するものです。相手もあなたに緊張を感じているのです。そこであなたからスマイルや優しい表情で声がけして見ましょう。

初対面でのキーポイントは、スマイル、相づち（大事！）、目線を少なくとも時折交わす、共通点を探す、そのために質問をする、などです。

第3章

感情管理

人間関係力の資質その2

感情をコントロールする

多文化社会では、習慣や常識の異なる人々が一緒に生活しているのですから、予測しないことが起きたり、意見、考え、行動が衝突することが頻繁に起こりえます。その度にイライラしていては、事態を解決するのに有効ではありませんし、ストレスが溜まって、健康を害するかもしれません。日本人同士でもそうなのですが、外国の人とのグローバルコミュニケーションにおいては、お互いの意図の行き違いが日常茶飯事です。ですから、感情をコントロールできることは大切な力と言えます。期待どおりにことが運ばないとき、私たちはイライラし、行動や思考が乱れてしまいます。しかし、意見の衝突、やり方の衝突など、社会生活には衝突がつきものです。感情に任せてしまうと、退行現象が起こり、持っている知識や能力を活かせなくなります。相手を傷つけかねない感情は、小さいうちにコントロールし、理性の管理下におくことが大切です。

例えば、嫌なことを言われた相手に、その時、自分はどのように思ったかを、素直に相手に伝えることで、感情がまだ小さいうちにコントロールできることがあります。それを何らかの理由でためらいその相手と話を続けていると、相手の何気ない言動に文句をつけたくなったりします。前の怒りがエネルギーとして内に溜まったままですから、ほんのちょっとしたことで相手に皮肉を言ったりしてしまいます。相手にとっては突然のことで、なぜ文句を言われたり皮肉を言われるのか、皆目見当がつきません。その前の段階で、あなたが嫌な感情を持ったことなど知らないのですから、当然です。ここから言えることは、怒りなどの感情エネルギーが増幅する前に、それをうまく転換することの大事さです。少しでも相手に伝えて、それを吐き出したり、ちょっと散歩して深呼吸したりなど、この「チョイ出し」が結構、役に立つのです。小さいうちにコントロールする、この「チョイ出し」は勇気が要るかもしれませんが、大事な感情コントロールのコツであり、能力なのです。

私たち人間は感情の動物である、と言われるように、誰もが感情を持っています。人によって感情が多い人、少ない人などその程度具合は色々ですが、「感じる」ことは私たちが生きている証拠、と言えるでしょう。それなら、生きている間に、大いに感じたいと思います。人とのコミュニケーションを通し、相手と心が通じ合ったときは幸福感や安心感を感じます。この嬉しい感情を多く体験したいものです。

しかし、コミュニケーションがギクシャクし否定的な感情が生まれると、その感情との折り合いをつけるのに私たちは四苦八苦するものです。それでは、事例をとおして、具体的にどうするのか見ていきましょう。

怒りをコントロールできない（阿部さんのケース）

事例 1

阿部さんはよく怒ります。こだわりが多いのか、自分のこだわりで「こうあるべき」から逸脱する人や考えは許せない、そう思ってしまうのです。例えば、ゴミを指定された曜日に出さない人を道路で見つけると、すれ違いざまに突然その人に向かって怒り出すのです。「今日は水曜日だ、木曜日じゃないぞ。わかっているのか！」と大声で相手に叫んだりします。怒られた若い学生風の人は、頭をかき小さくなりながら、ふし目がちにゴミを持ち帰ります。阿部さんにしてみるとルールを守らず周りに迷惑をかけていることが信じられないのです。ゴミを出す場所には、立て看板が立っていて、そこにルールが書いてあるのですが、これは、阿部さんが書きました。看板は、誰からも見えるようになっています。それなのに、このようなことをする人を見るとがっかりして、つい今度も怒鳴ってしまいました。一事が万事、この調子で感情をコントロールできないのです。かーっとした後は、自己嫌悪に陥るのがいつものパターンです。

〈振り返りポイント〉

さて、阿部さんの感情管理についてあなたはどう思いますか。あなたが阿部さんならどうすると思いますか。このように怒ったことは最近ありますか。それはどんなことだったのでしょうか。振り返って、感情管理の観点から、何か他にできることがあるか考えて見ましょう。

感情をコントロールできないことは大人でも子供でもあるものです。短気な親やおじいちゃん、おばあちゃんに育てられた場合は、子供も短気になる可能性は高いかもしれません。状況対応や対人関係において、どこで怒るのか、それとも諭すのか、苦笑いするのか、無視するのか、などなどを子供は大人を見て学んでいくのです。どこでどう感じるのかは親から学習した、とも言えるのです。どんな癖も長年つちかっているのですから、そうすぐに止められるものではありません。しかし、止めるのは不可能に近いかもしれませんが、癖を薄めることは可能です。

先にも書きましたが、「人間は感情の動物」とも言われます。感情的になるのは人間として自然なことです。感情を素直に表現している人を見ると、ほっとさえさせられます。ただし、湧き上がる感情のままに行動することは、他人とうまくやっていくうえで障害にもなります。そこで、感情的になってしまう私たちにとって、感情をコントロールするために何ができるのかを考えてみましょう。私が長年やってきて効果的だと思うことが一つあります。それは、自分の言動を自分がモニターすることです。つまり自分が話している時にもう一人の自分がそれを観ているのです。もう一人の自分の存在を持つことなのです。難しそうに聞こえるかもしれませんが、意識して、根気よく取り組んでいると意外に楽にできるようになります。もう一人の自分をどこに設定するかなのですが、位置はどこでも良いと思います。私の場合は、自分の頭の斜め横あたりにもう一人の私をおきます。これは、もちろん意識上のことです。ここで大事なのは「自分の言動をよく観察する」、これが鍵なのです。観察することで感情が沸き起こる瞬間をつかむことさえも可能になります。これは訓練が必要です。もし、怒りの感情をキャッチできたら、そこでいったんその場を離れることもできます。相手は変な顔をするかもしれませんが、「ちょっと失礼」とその場を離れるのです。そして、一息いれます。深呼吸を数回します。息を大きく吐き出すことに注意を向けます。感情というエネルギーが外に流れていくようなイメージで呼吸します。すると不思議なことに「スーッ」と体が軽くなるような気がするのです。大事な場面に直面したときには、ぜひやってみてほしいものです。大事な場面で効果的な深呼吸ができるようになるためには、常日頃から練習をしたいものです。

こうすることで、感情をコントロールすることが五回に一回ぐらいは可能になるかもしれません。続けることで徐々に変化が見えてきます。「自分を観察すること」は、異文化の人との交渉などにも大いに役に立つスキルです。近年話題になっているマインドフル（＝意識する、目覚めている）の状態と同じようなものです。まさしく、とっておきの対人スキルであり、自己コントロールのスキルなのです。長い目で取り組んでいきましょう。

事例 2

ことばを返せなかった（佐藤さんのケース）

佐藤さんは、近くに越してきたフランス人宅に町内会費を集めに行きました。応対に出てきた奥さんに町内会では各家から月々決まった額を納めてもらい、町内会の活動に充てていることを説明しました。奥さんは日本語がかなりわかるようなので、ほっとしました。でも、奥さんは自分たちは仕事をしていて忙しいので、町内会に参加したくないから町内会費を払わないと言いました。佐藤さんは、あまりにもはっきりと断る相手にびっくりすると同時に非常に不快な気分になり、ことばを返すことができませんでした。

佐藤さんは、フランス人の奥さんは、とても気が強くて、自己中心的だと思いました。数日後、佐藤さんは、フランス人宅の前の道が清掃されていないことに気づきました。この辺では、各家の前は、家の人が清掃することになっています。

次の日の朝、佐藤さんが自宅の前を掃いているとフランス人夫妻がそろって仕事に出かけるのに会いました。二人はにこやかに「おはようございます！」と挨拶して通り過ぎました。佐藤さんは曖昧に挨拶を返しました。そして、佐藤さんは、二人は自分が家の前を掃いているのを見たのだから、きっと明日は彼らも自分の家の前を掃くだろうと期待しました。でも、そのようなことは起こりませんでした。ゴミを掃きながら、このゴミはひょっとしたら彼らの家の前から風で飛ばされたものかも、と思いさらに怒りを募らせ、ますます二人の鈍感さと厚かましさに腹が立ちました。

〈振り返りポイント〉

さて、感情管理の観点から見ると、佐藤さんはどのぐらいできていると思いますか。この後、どのようにしたら良いでしょうか。あなただったら、どうすると思いますか。佐藤さんが奥さんを「気が強く、自己中心的」と思った背景には、佐藤さんの価値観や常識があります。なぜ佐藤さんは、奥さんに対してそのような判断をしたのでしょうか。

この事例では、佐藤さんは一方的な判断を下しています。はっきりと断られて不快になるのは日本人としては自然ですが、それでフランス人の奥さんの返事が「気の強さ」と「自己中心的な態度」から出ていると結論づけてしまうのは早計です。判断を「いったん保留する」ことが大事なのです。そして、自分の不快感から出た判断であることに気づく必要があります。判断を保留をすることで、気づくことがあるのです。フランス人の奥さんは町内会の意味がわかっていなかったのかもしれません。彼女が町内会をどのように理解しているか佐藤さんは知らないのです。状況を客観的に見ようとするのではなく、感情的に相手の性格に対して価値判断を下してしまうのは、感情に支配された証拠です。

佐藤さんのように感情的になっていると、何を見るのも感情の色眼鏡を通して見てしまうことになりがちです。ですから、二人が「先日は失礼しました」と挨拶するのではなく、にこやかに挨拶したことや家の前を掃かないことが、まさに彼らの性格の鈍感さと厚かましさを証明していると思い込んでしまいます。

感情は螺旋的に増幅する傾向があります。このような、否定的感情の負の螺旋は人と人の間に越えがたい壁を作ってしまいます。ですから、負の螺旋を描いて増幅する悪感情を根元近くで断ち切ることが大切です。大きくなってからストップをかけるには、小さいときよりもずっと大きな力が必要になります。大きく複雑にもつれた糸を解くのは大変な労力と時間がいります。初期の段階で誤った判断を正す必要があります。

負の感情にストップをかけて、一方的な偏見の無い心で相手に接することで事態を改善できます。家の前の道は各家で掃くことになっていると、わかりやすいことばで伝えればいいのです。そんなことは「常識でしょう」と思うかもしれませんが、「文化習慣が違うということは、常識が違う」ということですから、ことばで自分たちの地域社会の常識を相手にわかるように伝える必要があります。価値判断や否定的な感情はわきに置いて、オープンでフレンドリーな態度で必要な情報を伝えましょう。

佐藤さんは「異文化の人の常識は違うものだ」ということを頭だけではなく、しっかりとハートトレベルでわかることが大切です。頭でわかっていても、実践できなければ、何の役にも立たないのです。ハートレベルというのは、相手の立場に身をおいて相手のことを考える、共感できるか考えてみるということです。「常識が違うということは、当たり前なことが違う」ということです。ですから、一方的に決めつけないで、怒る前に相手が何を「当然」としているかを尋ねてみることが問題解決につながるものなのです。また、その文化に詳しい第三者に尋ねてみるのも参考になるでしょう。例えば、こんな具合にです。「町内会は、この地域の住民が気持ち良く、安心して生活ができるよう、活動をしています。そのために地元住民が町内会費を払うのは常識なのです。フランスでは、このようなことはありませんか。」もし、このように尋ねたら、フランスの夫婦に対して、町内会について教えることができるだけではなく、かつフランスの状況を聞き出せて、「自己中心的」との判断は引っ込める結果になるかもしれません。そうしたら、しめたものです。

事例3

親に注意され頭にくる（幸一君のケース）

高校3年生の幸一君はテレビを見ていると、親から「遊んでばかりいないで勉強しなさい」と注意されました。不快なので無視していると、再度注意されました。頭に来た幸一君は「うるさい！　いつもあれしろこれしろと、うるさいんだよ！」と叫びました。

親がいやな顔をしました。それを見ているとますます不愉快になり、近くにあった雑誌を投げ捨てました。そうすると、不快感が静まるどころか、もっと湧き出てきてたまらなくなったので、テーブルを蹴飛ばしてしまいました。そして、自分の部屋に駆け込み、壁を蹴り続けました。受験のストレスが一気に噴出した感じです。

〈振り返りポイント〉

さて、幸一君は感情管理ができていないようですが、どうしたらよかったのでしょうか。あなたにも、このようなストレス状況で思わず感情爆発というような経験があったら、それはどのような時でしたか。振り返って見て、具体的にどうしたら良かったと思いますか。

この事例の幸一君は、感情管理ができていません。不快、嫌悪、恐れ、懐疑などの感情は人生の中で、誰もが経験します。しかし、感情に支配されると頭が働かなくなり、普段なら言わないことや、しないことを言ったりしたりしてしまいます。子供のほうが大人より感情管理がへたですが、大人でも結構、感情管理には手こずります。

この例でも、幸一君は自分の不快感に、自分のことばと行動で火に油を注いでいます。「うるさい」とどなることで、母親からの注意のことばがさらにうるさくなります。雑誌を投げることで、破壊したい気持ちが増幅します。不快や怒りは大きなエネルギーを持っていますから、それを肯定的な方向に向ければ良い結果をもたらすことができるのに、破壊的な力のほうに消費されてしまうのは残念なことです。

では、怒りの感情に気づいたらその時点で、負の螺旋を断ち切るにはどのような方法があるのでしょうか。最も効果があるのは、本人が気分転換をすることです。まず、その場を外すといいでしょう。この例ですと、幸一君は叫ぶ前に、台所に行って冷蔵庫から飲み物でも出して飲むとかすれば、不快感が減少するかもしれません。すると、「この番組が終わったら、テレビを消そう」と思えるかもしれません。そう思えたら、それを口に出して言えば、その意志がさらに明確になります。

親のほうでも気分転換の手助けができます。同じ注意のことばをくどくど繰り返すのは逆効果です。「何回言ったらわかるの！　まったくだらしがないんだから」などと決めつけるのは、それこそ火に油を注ぐ行為です。また、腕力や脅しや親の権威で相手を圧倒して、言うことを聞かせるというのも子供の不満を内向させるだけで建設的な方法とはいえません。そうではなく、子供を固まった精神状態から解放するために、「ちょっとこの蓋を開けてくれる？」と瓶の蓋を開けるよう頼んでみたり、「あのアイドルの新曲はなんていうのだったかしら？」などと尋ねてみるのも手です。こうしているうちに、勉強をしようという気持ちになるかもしれません。このスキマやゆとりが、こうした気づきをもたらすことでしょう。幸一君は、勉強をしなければならないことは自分でもわかっているのですから。

馬鹿にされたと怒る（武田さんのケース）

事例 4

武田さんは、一五歳のころ、東北地方から横浜に引っ越しました。しかし、彼の話す東北の方言のため、最初の一年はよく笑われ、からかわれ、徐々に無口になってしまいました。つまり、武田さんにとって、人から笑われないようにすることが最大の課題になりました。それが原因なのか、人から笑われることに過敏になっているようです。相手が武田さんをからかっているわけではない時でさえ、相手が自分をばかにしている、と思い込み、相手に対して感情をむき出しにしてしまいます。過敏な反応は方言だけに留まらず、ほかの部分でも自分をばかにしている、と思い込んだ瞬間、相手に対して怒りが噴出してしまいます。彼は、なんとか感情管理ができれば良いと思っていますが、なんの糸口も見つからず、悶々としています。

〈振り返りポイント〉

さて、武田さんは、感情管理の観点から、とんなことができると思いますか。あなたは似たようなことを経験したことがありますか。どう対応しましたか。

武田さんの問題は、親の性格などを受け継いだわけではなく、自分の過去のある一定の期間に起きた、特定の出来事に起因しています。ばかにされるかもしれないという不安な感情から抜け出せず、辛かった体験を無意識に引きずっているのです。辛い体験が体に記録され、体が反応してしまうのです。

ここでもまずは、自己受容が大事です。自己受容が多くできるようになると、自分の中に肯定の考えが広がり、肯定のエネルギーが満ちます。そして、それが満ち溢れ、結果として相手にも与えることができるというわけです。自分の中に愛が満ち溢れると相手を怒らなくなるとよく言われますが、逆に、自分の中に自己否定、自己嫌悪が多いとき、それが「怒り」という負のエネルギーとなって相手に向かってしまうのです。

辛かった体験を前向きに捉えるようになると事態は好転していくのですが、一人の力では難しい時もありますから、自治体主催のコミュニケーション研修や日本アンガーマネジメント協会主催などの研修会に参加してみるのも良いでしょう。また、家族や、友人と話してみるのも一つの手です。また、「自分が辛い思いをしたおかげで、何かプラスに転じたことはあるだろうか」と気が付いた時で構いませんから、日記のように書いてみましょう。自分に問いかけ、これに対して答えを出すことを心がけていくことで自分が救われるかもしれません。書くことで自分の体験が整理できたり、または次への行動に繋がったりします。

もし、今でもプラスに変えることができない自分がいるとしたら、それでも良いのです。「辛かったんだね！　よくがんばってきたね！」と自分に声をかけてやると良いでしょう。これで武田さんは救われる思いがするでしょう。この一言が言えるか言えないかです。完璧主義な傾向の人には、なかなか難しいことかもしれません。しかし、どうでしょうか。私たち人間は、「完璧」ではありません。完璧からは程遠い、「ほころびだらけ」の姿が私たちの真の姿なのかもしれません。完璧でないのが「人間としては現実の姿」なのですから、ほころびを見つけたら、ただそれを確認する、それだけで良いのです。失敗した時は、辛く悔しいものですが、頑張って生きているという、それだけで自分に「オーケー」を出すことも新たな一つの選択肢ではありませんか。オーケーを出すことで自己受容度が以前より高まり、余裕が少しづつ出てきて、感情の管理もよりできるようになります。

日本アンガーマネジメント協会（先述）では、もし誰かと話をしていて、イラっとしたり怒りを感じたりしたら、七秒間、深呼吸をすることを勧めています。または、話を別な機会にするなどの方法もあります。共通するのは、一旦、休むということです。そうすることでその感情の大きさにもよりますが、その怒りが治まるか消えていくのです。ぜひ試してください。

Do It Yourself! 実践

感情をコントロールするには、実際に姿勢を変えたり、相手との距離を変えたり、視線を移したり、という単純な行為が思っている以上に効果があります。さらに腹式呼吸をすると効果があります。深呼吸の形の一つに瞑想があります。瞑想法にはいろいろあります。長い間、見よう見まねで、いろいろな方法を試してきましたが、その中で、私が好きな方法は以下の２つです。この方法は、わりとすぐ出来ます。そして、体や心に元気が湧く、冷静さが増す、自信が湧く、そんな気がしてきます。実際にこれをやってから、大事な仕事にとりかかりますと、人前で話すときに堂々と仕事をこなすことができることを何度も実感しています。この基本は、鼻から吸い、口から吐く。吐くときには、より長く時間を使います。実は、吸うことよりも吐くほうがずっと大事なのです。

エクササイズ ❶ 瞑想

《瞑想法 1》

息を４秒ぐらいで鼻から吸って、その息を意識の上で丹田（へその下３～5cm ぐらいの位置）のあたりに５～７秒ぐらい留めます。そしてその辺りに太陽をイメージします。鼻を通して息を吐きますが、ゆっくりと長く７～８秒ぐらいかけて息を吐くことに専念しましょう。口から息を吐いても良いです。全体を通して、太陽のイメージを丹田あたりに感じながら、息を吸ったり吐いたりします。人によってはお腹の辺りや身体全体に温かさを感じたりします。これを６回くらい繰り返し、全体で３分です。

《瞑想法 2》

目をつむり、大きく鼻から４秒ぐらいで息を吸います。そのときに金色や白い輝く光が天から降り注いで体内に入ってくるイメージを持ちます。そしてその光を３秒ぐらい胸のあたりに溜めます。口からゆっくりと７〜８秒ぐらいで息を吐き、その光で体全体が満たされるイメージを創ります。吸って吐いてを繰り返していく中で、息を吐くときに体内から光があふれ出て体全体をすっぽりと包むようにイメージをしていきます。

好きな人にこの光を送って相手を包んでやるといったイメージを持つのも良いです。そのときには、その人が笑っているイメージを持つと良いでしょう。

これを7、8回繰り返し、全体で５分ぐらいです。短いですがしっかりやると、効果は抜群です。呼吸の長さはあくまでガイドラインですので、無理はしないでください。

エクササイズ ❷ 判断保留

客観的事実を経ないで自分の勝手な感情から人を、あるいは状況を、すぐ判断してしまうことは避けたいものです。即判断をすることを止めるための手法の１つに「D.I.E.」というのがあります。Dは事実をdescribe（記述する）、Iはinterprete（解釈する）、Eはevaluate（評価する）の頭文字です。事実は、見えること、聞こえること、観察できることのみを言います。

この「D.I.E」がどのように使われるか以下に例を挙げます。

列に並んでいると誰かが私の前に割り込んできた、と感じたとします。割り込んできた、と言う表現はすでにある種の色がついていることに気をつけましょう。

この状況を「事実」として記述（D）すると、どうなるでしょうか。（あくまで、見たこと、聞こえたこと、観察したことなどの客観的事実だけを記述します。）

▶「事実」の例

「誰かが私の前に立った」、「誰かが私の前に並んだ」

次にI（解釈する）はどうなるでしょうか。

▶「解釈」の例

①その人は、私が並んでいるのが見えなかった

②その人は、早く場所に並びたかった

③その人は、私が女性なので怖くはないと思った

④その人は、考え事をしていた

⑤その他

最後にE（評価をする）はどうなるでしょうか？　それは、自分がどのような解釈をしたかにより変わります。

例えば、答え①の「私が並んでいるのが見えなかった（解釈）」なら、それは「仕方がない、良くも悪くもない（評価）」となるかもしれません。または③の解釈「私が女性なので怖くはないと思った」のであれば「私が女だからといって、私を追い越して前に立つとはなんて無礼なんだろう」という評価に変わるかもしれません。

《問題》

では、自分で次の問題に挑戦してみてください。それぞれの問題に２つの解釈を考えます。次に、その解釈をもとにどんな評価をその人に下すかを考えてください。

《事実（状況）》

（1）通勤時、バスに乗るのに停留所までいつも走って来る男性

解釈①

→評価＝

解釈②

――→評価＝

(2) 私にだけ、いつも大声で怒鳴っている上司

解釈①

――→評価＝

解釈②

――→評価＝

(3) 他人には笑顔で、伴侶には無愛想な伴侶

解釈①

――→評価＝

解釈②

――→評価＝

▶解説は 84 ページ

解説

エクササイズ2

回答例

（1）解釈①寝坊している人──→評価＝だらしない
　　解釈②子供を学校に送り出してから会社へ行く人──→評価＝良いお父さんだ

どんな答えもここではオーケーです。（2）と（3）も同様に進め、答えを他の人と分かち合ってみましょう。解釈が一八〇度変わると、評価も一八〇度変わることがあり得る、ということが体験できたでしょうか。評価は、どのような解釈をしたかによるのです。この手法が示す順番（一番目＝事実、二番目＝解釈、三番目＝評価／判断）を踏んで対応することで、客観的かつ建設的な結果が生まれてきます。これがD.I.E.の魅力なのです。

自分たちが、「あれっ!?」と疑問に思ったり不快に思ったりするとき、通常、一番目にその事実を把握し、二番目に解釈し、そして最後に評価するでしょうか。このような順番で状況や相手に対応しているでしょうか。ほとんどの人が、答えは否、ではないでしょうか。私たちは、その場やその人に咄嗟に反応することが大半です。すぐに評価を下して「何よ！　嫌な感じの人」とか「失礼な！」と言う具合です。つまり、どこで怒るか、何に対して怒るかは、自分の過去からの経験をもとに私たちの体や脳のコンピューターにプログラムされているのです。

D.I.E.手法は、そんな私たちの習慣を是正するために役立ちます。イライラしたり、どう反応すべきか疑問なときに、このような順番に従って取り組むと良いのです。この順番が大事です。ともすると咄嗟に二番目（解釈）とか三番目（評価）の反応をしがちな私たちに、時間の余裕をもつことを促してくれます。また、感情的に反応する私たちへ、客観的に対応する可能性を見せてくれるのです。まずは、事実を事実のまま捉えることが大事です。そして、最後に、事実だと思っていることが本当にどこの人が見ても事実か否かを再度チェックしたいものです。自分が事実と思い込んでいることが自分の周辺の人にとってのみ、例えば、日本人にとっては事実だが、他の国の人にはそうではない、ということがあるからです。

スキル演習 B

a. 感情表現には、まず、自分のことばをリストアップ

1. 感情を表すことばを書き出してみましょう。例えば、「楽しい」、「嬉しい」や「飽きた」などがあります。メモ用紙など書くものを用意するか、以下に思いつくまま出せるだけ、出してみてください。いくつ書き出せたか、数えてください。(3分間)

2. 次に、2人か3人1組になり、自分のことばリストを見せ合いましょう。または、読み上げましょう。このように分かち合うことから自分の傾向や特徴が見えてきましたか。見えてきたとしたら、それはどんなことですか。そして、その特徴や傾向にあなたは何を思いますか。(例：あまり感情表現は使わないかも。感情的になるのは良くないと思っているかも。)

3. 男性グループと女性グループに分かれて、ことばのリストを板書し、比較してください。何か違いや特徴がありますか。

b.「私文」の活用：感情的になったら、まずは自分の感情を見る！

文化の異なる人と話をする時に、時々、または頻繁にミスコミュニケーションが起きたりするものです。感情的になることもあるでしょう。そんな時に役立つ対策が「私文」です。例えば、「しっかり挨拶しろよ」を「私文」にして見ると、例えば、「挨拶してくれると嬉しいなあ」とか「挨拶をしてくれると周りもきみへの信頼が増すと思うよ」などです。では、以下の文を「私文」に変えてください。

1. きみはどうして無口なんだ　→

2. もっと早く仕事をできないかな　→

3. なぜ私に相談せず自分勝手にやるんだ　→

4. あなたはいつもやりたくなさそうだね？　→

5. もっと真面目に勉強しろよ　→

▼a. 感情表現には、まず、自分の言葉をリストアップ

「感情を表す言葉」を、自分はどのぐらい書き出せましたか。他の人のそれと比較していかがでしたか。誰よりも多く書き出せた人は、感情表現が日常的に豊かな人かもしれません。あまり書き出せなかった人は、常日頃、外に感情を出している方かどうかチェックしてみてください。中には、感情表現は大人としてあまり褒められたことでは無い、と考えている人もいます。しかし、自分の感情は、自分だけの大事な感覚であり、個性とも言えます。危害を与える感情の表出は好ましくないですが、それ以外においては、ためらうことはないと思います。自分の感情を外に出せるようになると、他人の感情にもより敏感に、時には寛大になれるかもしれません。もう少し、意識して自分の感情を経験し、味わってみてください。

感情表現は不得手、またはできれば遠ざけたい、と思う人もいます。怒りをそのままぶつけるのは、問題があるかもしれませんが、怒りそのものは悪いことではありません。それはある意味、自分が生きている証しです。なぜ怒りを感じているのか、をみていくと自分についての発見があるかもしれませんよ。

男性と女性のリストを比較してどんな結果になりましたか。私の経験からは女性のリストが倍近くの長さになることがよくあります。女子学生の方がより感情が豊かと言えるのかもしれません。あるいは男子学生も感情は豊かなのだけれども、文化的な影響からか、

それを言葉で表現することに抵抗があるのかもしれません。

また、感情的になることはいけないこと、と考える人は男女ともに一般的に、日本では多いかもしれません。日本は、公の顔と私の顔を使い分けることを良しとする文化です。ただ、生きているということは感情があるということでもありますから、あまり感情を抑えると苦しくなるかもしれません。また、楽しくないかもしれません。「ほどほどに感情を出しながら」がちょうど良いのかもしれません。

先に書きましたが、感情は生きている証しであり、あなたの個性でもあります。大事に、味わってください。ただ、考えもなしに怒りをぶつけて相手を傷つけることは自己中心的すぎますので、D.I.E.ツールなどで分析し、次へのステップにつなげてみてください。

b.「私文」の活用：感情的になったら、まずは自分の感情を見る！

「私文」の回答例

1. きみはどうして無口なんだ　↓　少し話をしてくれたら、私は嬉しいのだけど。何を考えているのか聞かせてほしい。
2. 早く仕事をできないかな　↓　少し急いでくれると周りの人も助かると思うよ。少しスピードを上げてもらえると私はありがたい。

3. なぜ相談せず自分勝手にやるんだ　↓　行動をする前に、一言こちらに言ってもらえると驚かずに済むのだが。
チームでやっているのだから、何をするのかを事前に教えてもらえると、こちらも心積もりができるのだが。

4. あなたはいつもやりたくなさそうだね？　↓　もう少し笑顔で仕事に取り組んでくれると周りの人も気持ちがいいよ。
私は、あなたが積極的に仕事に取り組む姿勢を見せてくれると嬉しい。

5. もっと真面目に勉強しろよ　↓　勉強をもっと励んでくれるとこちらもやる気になるよ。
もう少し積極的に勉強をしてくれれば、私も仕事も家事ももっと頑張れそう。

「私文」に書き換えてみてその効果は感じられますか。自分が相手から問題文を言われた時と「私文」を言われた時と、感じ方に違いがあるでしょうか。問題文では、「あなたは悪い、できない、ダメだ」とあなたに非がある言い方になっています。ところが、「私文」では、**自分のリクエストをして自分の気持ちを伝える**だけです。ここに、大きな違いがあります。「私文」を使って、ただ事実と私の気持ちだけを言うことで（これが鍵です）、相手は責められた気分ではなく、あなたのリクエストを素直に聞いてくれる可能性はぐんと上がります。ぜひ、日常でも試してみてください。

これができるためには、自分の感情により敏感になり、感じることを自分に許すことが大事です。それから、感情を時には出す練習が必要になってきます。

第4章

人間関係力の資質その3

多面的思考・創造性

いろいろな角度から考える

「日本は、単一民族国家である」という誤まった考えを妄信的に最近まで信じ込んできたせいかどうなのか、多面的思考や創造的思考は日本人にとっては苦手と言われてきました。しかし、はたしてそうでしょうか。私はそれについて少し疑問を感じています。こんな経験をしたことがあります。「多様性」という言葉が社会の中ではまだ市民権を得ていない時代のことですが、「多様性研修」という研修を同僚と実験的に実施した時の話です。コンサルタント業をしている私たち数名が声がけをして、八社ぐらいの人事部長や課長の方々に参加していただきました。研修後の振り返りの場で、ある人が感想を述べたのです。「日本人は多様性がないと言われますが、いや実は、多様性は隠されている、隠すことが良いとする土壌があるだけで、多様な考え、見方は日本にもあるはず」というものでした。私も含め、そこにいた過半数の人が同感したのです。そのような土壌が与えられれば、日本人も多面的に物事を捉え、多様な取り組みに積極的に挑み、創造性を発揮すると思うからです。問題は、土壌があるか否かであって、日本人の本質そのものの問題ではないということです。日本社会というところは、創造性や多面的思考を育む土壌は残念ながらまだ育まれていないように思えます。これまでは皆で歩みを同じくして、同じ所に同じペースで進もうとすることを良しとする社会でした。昨今、それに対する反省からか急速にいろんな試みが社会のあちこちでなされていますが、私が出会った社会人や学生を見ているところまでと余り大きくは変わっていないように見えます。

このことは、仕事を通してのみ感じることではなく、自分の子供を通して、保育園、小学校、などの学校との関わりからも同じようなことを思うのです。例えば「運動会」です。日本の運動会においては、同じ動きをすることで全体の美をかもし出す場面が多いように見受けられます。同じ動きを通して全体の美をかもし出すこと自体が、良いとか悪いとか、ということではまったくありません。どちらが良いとか、どちらが正しい、ということではないのです。ただし「多面的思考を育むための土壌」という前提で言えば、皆で一緒に同じことをするのではなく、あえて、他の人と違うことをやることに対して応援される環境のほうが創造性を育むためには良いと言えます。まわりの人とは違った、独創的な動きや試みをした人がご褒美をもらえる環境が、多面的思考を育む土壌と言えるでしょう。

日本の社会は、だいぶ前から「金太郎飴」は卒業し、「個性を生かそう」と声だかに社会全体が主張しているのですが、やはり今でも日本人の特徴として「皆と同じであることに安心感」を持つことがあるようです。例をとりますと人前で意見を言うときに「他の人とあまり変わらないのですが……」とか「今の発言と同じなんですが……」と前置きをする傾向が日本人の多くにあります。ところが面白いのは、このような前置きで始めていながら、実は話す内容が前の人とはかなり違っていた、ということはよくあることです。

もうひとつの日本人が好む表現は、「普通は……」です。日本人が最も好む表現のひとつと言えます。他の外国の人も使うでしょうが、好む度合いや、頻度において日本人がトップと言えるかもしれません。前出した「今の発言と同じなのですが……」の表現の延長線上にあるようにも思えます。つまり「皆と同じであることが良い」という価値観です。「普通は、誰だってこのように感じるもの」とか「普通の人なら、こう考えるのは当たり前」と言った具合で使います。こうした傾向は、多面的思考を育みたい場合には障害、弊害にもなり得ます。

日本においてこのような土壌が変わって行くのには、相当の時間がかかると思います。しかし、個人としてできることはあります。多面的思考を育てるひとつの試みとしては、意識して「普通は……」と言いたい時に「この普通は、誰の普通だろうか」と自分にチェックしてみると良いでしょう。それはひょっとして「あなただけの普通」ということなのかもしれないのです。自分がこう感じるのだから皆もそうであるに違いない、という思い込みです。しかし、これが高じると、「自分なら」が「人間なら」に無意識に自分の中で置き換わってしまうことがあります。ともすると傲慢とも思えることを平気で言ってしまいます。「人間なら普通はこうするのに、どうしてあの外国人は違うんだ!ダメだな（つまり、人間じゃない）」という具合です。もちろん相手はあなたと同じ人間なのですが、あなたではありません。いろいろな事についてあなたと同じようなものさしを持っているわけではないのです。あなたと同じように感じていないことのほうが多いのです。

多面的思考を育てる試みとして、「人間なら普通は……」の「人間」を「私」に代えて「私なら普通は……」とするのです。その後に続けて、「どうしてあの外国人は……」という風に持っていくのです。

「人間 vs.あの外国人」から受ける印象と「私 vs.あの外国人」から受ける印象は同じでしょうか。後者には、一個人対一個人という意味合いがありますが、一方、「人間 vs.あの外国人」では、「人間」の比重が「あの外国人」より極めて大きく、その結果、どらが正当か、それは当然、「人間」でしょう、という図式ができあがってしまっています。「私 vs.あの外国人」とすることで、要らぬ摩擦を防げるかもしれません。一個人を尊重し、相手の別な視点を受け止めたいものです。

事例１

時間を守らない人にイライラ（鈴木さんのケース）

鈴木さんは地域のＮＧＯ国際交流会に所属しています。鈴木さんは、大人を対象とした会主催の地域の史跡や文化施設を見て歩くウォーキング・ツアーのガイド役をボランティアでしています。５年近くこのボランティアを続けていますが、以前に比べて、外国人は増加の一途にあり、人数が多くなると同時に、その出身文化も多様になっています。ところが、ボランティア役は基本的に彼一人で、手詰まり感を感じているのも事実です。

鈴木さんがいつも不安になるのは、外国人の参加についてです。なぜなら、集合時間に遅れてくるのは圧倒的に外国人です。鈴木さんは出発時間に参加者のリストをチェックしますが、全員が来ていない時に、遅れる旨の連絡などはほとんどありませんので、当日出発するまで本当に来るかどうかわからない場合も少なくありません。途中から参加してきたケースもありますし、途中でいなくなってしまったケースもあります。責任感が欠如していると思える彼らの行動に腹が立つこともあります。「ここは日本なのだからもっと時間を守るとか、しっかり責任感を持った態度が欲しい」と怒りを隠せない調子で、その都度、伝えているのですが、言っても聞いてくれてないのか、わからないのか、次も同じようなことが起きているのが現状です。

〈振り返りポイント〉

さて、鈴木さんは、多面的思考の視点から見て、どのぐらい多面的に対応できていると思いますか。より多面的思考を発揮して何かできることはありますか。あなたが鈴木さんならどうしますか。

外国人が多く参加するようになると、日本人ばかりで歩いていたときとは異なる問題が起きます。そんなとき、ここは日本なのだから、私たちのルールに従うべきであるという原則で押し通していくと、摩擦や軋轢が生じます。この「ここは日本だから今までやってきた通りにやる、変わらなければならないのは外国人のほうだ」というアプローチが多面的思考の対極にある態度です。

もちろん、外国人は日本に来て、できるだけ日本に適応しようと努力する必要がありますし、実際、ほとんどの外国人は母国とは異なる日本の習慣に合わせようと、私たちが思う以上に努力をしています。それでも、合わせきれないほど母国で身に付けた価値観や習慣は根強いものなのです。確かに外国人のなかには日本社会に合わせることよりも、日本人が自分たちに合わせることを当然と思っている人もいますが、そのような人は極々稀ですし、そのような人には注意を喚起する必要と権利が私たちにはあります。

鈴木さんは、時間厳守、他の人に迷惑をかけない心遣いを徹底できないのは、参加者の外国人がいい加減な性格だからだと決めつけています。この決めつけ、自信はどんな基準を元にしたものでしょうか。決めつける前に時間を守るということ、他の人に迷惑をかけないということの意味づけが、外国人と日本人では違うのだろうかと、まずは、問うてみる必要性があります。その答えを見つけるために、ボランティアの先輩、外国で生活したことのある人、いろいろな国から来た日本語ができる外国人に聞いてみましょう。すると、時間厳守ということを日本人ほど几帳面に守る人々は他の国々ではあまりいないということがわかるはずです。時間を守るということが具体的にどれくらいの遅れ幅を含むのか、どのような状況で、どのような相手に対して、どのような時間の守り方があるのか、実に驚くほど様々で多様なシステムが世界にはあることがわかるでしょう。

また、「迷惑をかけない」という概念も一筋縄ではいきません。文化によって何が迷惑かについての捉え方が異なります。参加者がまとまって行動しないと他のメンバーに迷惑をかけることになるという考え方を理解できない人もいます。むしろ、大人が連なって行動することは自らの判断力を放棄する無責任な行動だと感じ、いやがる人もいます。鈴木さんに頼ることのほうが鈴木さんに迷惑をかける行為だと主張する人もいるでしょう。今までのやり方では、どうもうまく行かないということで、鈴木さんは、先輩や、関係者、外国人参加者などから意見を聞くと同時に、関連の本なども読んで調べることも大切です。そして、今まで知らなかった多くのことを学ぶことにより、事態の見方も変わってきます。そこで、参加者に満足してもらえ、自分も納得のいくツアーのやり方を工夫してみようといろいろ試みることになるかもしれません。

このように多方面から情報を収集し、それらを分析し、理解しようとすると、過去にうまく行っていたからそのまま続けるべきだとか、日本にいるのだから日本のやり方でいいのだというような一方的な考え方が、事態を解決するためには必ずしも役立たないことがわかるでしょう。そして、新しい事態を把握するために情報を集め、新しい視点で分析思考することの重要性に気づくと思います。これが多面的思考です。

このウオーキングツアーの例で言えば、大人を対象としたツアーですから、例えば、場所と日時や順路以外のことに関しては、本人の責任において参加してもらうという考え方はどうでしょう。集合時間に遅れた場合は自分で途中参加するか、またはキャンセルするかを決めて、鈴木さんの携帯電話に連絡を入れてもらう、そうすることで、集合時間に遅れた人を待つ必要がなくなります。また、一集団で歩くのではなく、二、三人のグループで歩くことにし、史跡や文化施設の説明をしてもらいたい人は、鈴木さんと一緒に歩くようにしてもらう。また、気に入った場所で多くの時間を過ごしたい人は、以降は自分たちの自由行動にすることを鈴木さんに伝え了解を得る。そして、事故や不都合に対しては鈴木さんの責任を云々するのではなく、各参加者が責任を持つということで了解してもらう。もちろん、交通費、飲食費などの費用は各自で負担します。

これはあくまでも一つの例ですが、このような工夫をすることで、鈴木さんの負担の軽い、参加者の自由度の高いウォーキング・ツアーが可能になります。鈴木さん任せではなく、自己の責任を自覚したシステムにすると、自分たちもウォーキング・ツアーの企画運営を担っていこうという自主性が出てくるかもしれません。会員の間から、今度は自分が自分の住んでいる周辺をガイドしてあげたいという要望が出てくるようになるといいですね。鈴木さんに頼っているばかりではなく、鈴木さんの柔軟で創造的な対応が会員の積極性と創造性を刺激し、プログラムの発展をもたらすというわけです。

事例２

●リーダーは誰か（康平さんと翔さんのケース）

康平さんと翔さんは、大学の同級生です。ある授業の中で、同じ発表グループのメンバーになっています。この授業では、グループ発表を学期末にすることになっています。他にメンバーは二人いますが、どちらかと言うと消極的なタイプですので、康平さんと翔さんが中心になってグループを引っ張っていきます。康平さんは責任感が強いので、康平さんがリーダーのような形になっています。発表の準備において、翔さんは時々遅刻することがあり、康平さんは苛立っていますが、翔さんをチームにどううまく取り込むかわからずに時間が過ぎていきます。発表はもうすぐなのに、まだ準備は万全ではありません。康平さんは自分の意見が正しく良いものだと思う傾向が強いため、いろいろなアイデアが出ても自分の意見で押し切ろうとして話し合いがまとまりません。「このままだと時間がない、今までのを基に流れなどを作るから、俺に任せてもらえる？」とメンバーたちにちょっと強く言いました。他の二人は納得した様子ではありませんでしたが、翔さんは、「ま、いいや、仕方ないんじゃない。康平君に任せようか」と言って他の二人を押し切りました。

発表の結果は芳しくなく、発表を聞いている他の学生達には、発表チームはバラバラで、康平さん一人で仕切っているのが明らかでした。発表後、康平さんは「意見をまとめるのって難しいですね…自己嫌悪です」と先生に漏らして帰りました。

〈振り返りポイント〉

さて、多面的思考と創造性の観点からみて、康平さんはどうだったでしょうか。多様なアイデアを取り入れようと努力していたでしょうか。康平さんは、どうすれば良かったのでしょうか。あなたはこれに似た経験をしたことがありますか。

まず、康平さんは多様な意見を引き出し、理解し、そしてそれを活かすことをしていません。自分がリーダーで責任感を感じていることは素晴らしいのですが、リーダーはメンバーの意見を引き出すことも役割の一つであることを知るべきです。メンバーの意見をいっぱい出させ、それらを活かすことで、驚くような、良い結果を産むのです。自分の意見を聞いてもらえたメンバーは、その結果当事者意識が芽生え、やる気が出るものです。それぞれが違う意見を持っているのは当たり前です。それを活かすか活かさないかが、リーダーに問われるスキルなのです。

一方で、メンバー一人一人も、チームワークを作る責任を全員がそれぞれ担っていると言う自覚が薄いようです。意見を言わないのは、グローバルの舞台では、「責任回避」と見られる可能性が強いです。

もし、みんなの前で言いにくい時は後で、康平さんに相談しどのように貢献できるか工夫することもできるでしょう。意見を言うことに躊躇しない翔さんは、意見を言うことで貢献しています。しかし、彼がすべきことはさらに踏み込んで、意見を言うことに消極的な二人に「どうしようか。これはチームワークだから、みんなの意見を出して作り上げたほうが良いのではないかな、どう思う」と彼らの意見を求めることだったかもしれません。これは、リーダーの役割でもありますが、翔さんもチームメンバーでより積極的なメンバーとして、このように貢献できたはずです。二人のモチベーションの低さが、発表に陰を落とす一因になっていました。

チームワークの鉄則の一つは、最終的に全員が「納得」して仕事に取りかかること、です。納得していないメンバーが一人でもいれば、チームのプロセスや結果の足を引っ張ることになります。納得するためには、違う意見をそれぞれが尊重し、理解に努めることは欠かせません。それぞれがチームのメンバーである自覚をもち、全員が同じ目標の基、一丸となれば素晴らしい創造性が発揮されることでしょう。グループ発表は、一人のワンマンショーではなく、グループ全員に依る建設的な問題解決の結果なのです。

このように、意見の食い違いは、特にグローバルコミュニケーションにおいては日常茶飯事です。ですから、それぞれが一人一人の視点から頭をひねって、自分なりに自分のできる範囲で自分の気持ちや考えを遠慮せず出し合うことが大事なのです。互いの創造性が刺激しあい新たな創造性を生み出します。多様性のあるチームの「利点」は、その多面的思考や創造性の豊かさ、これに尽きます。もし、多様性のあるチームが、その多様性のあるチームが持つ「利点」を十分に発揮できないとするならば、多様性のあるチームの存在意義がありません。なぜなら、多様性のあるチームは単一文化的チームより圧倒的に苦労が多く、そのプロセスは時間もかかるものだからです。その利点を生かせないとしたら、ただの徒労に終わることも多いものです。

整理整頓どうしたらいいの（早苗さんのケース）

事例３

大学生の早苗さんの部屋は、整理整頓ができていません。本、ノート、ぬいぐるみ、洋服、スポーツ道具、ＣＤ、お菓子の袋、その他いろいろな物が部屋のあちこちに散らかったままです。掃除するのが大変ですので、結果的に掃除はめったにしません。悪循環です。たまに掃除するときは、散らかったものを部屋の片隅に寄せるだけです。一日もすると前と同じ状態に戻ります。それを不快に思いつつも、「仕方ないか」とあきらめ状態です。

〈振り返りポイント〉

さて、早苗さんがここで創造性を発揮するとしたらどのようなことができると思いますか。あなたが部屋の片付けをする時に、どう創造性を発揮していると思いますか。

コミュニケーションの問題の解決には多面的な意見を受け止め、かつそれらを活かす創造性が必要ですが、そもそも部屋の片付けに創造性はどう関係あるのでしょうか。

実は、部屋の整理整頓は創造力を大いに発揮できる行為です。何を残し、何を捨てるか、どのように分類し、どこにしまうかは、使い勝手を考慮に入れ、最も効果的に行わなければなりません。部屋の大きさ、しまう場所には限度があります。極端な言い方をすれば、無限に増え続けるものを有限のスペースの中にいかに取り出しやすくしまうかという、二重に矛盾する課題をこなさなければならないのです。答えを出すには、創造的な工夫が必要です。どのような分類が一番合理的か、どのように整理箱を使うと場所を有効に使えて、インテリア的に感じがいいかなど、これらは実に創造的な行為です。気が乗らない単純作業としてではなく、このように部屋の片付けを創造的な行為と捉えることができれば、嫌いな人にとってもひょっとしたら片付けが楽しくさえなったりするかもしれません。

このようにして育まれた日常的な創造力は、他にも応用できます。もちろん、コミュニケーションの問題においても然りです。多面的思考、つまり、それぞれの違ったアイデアが歓迎され、受け止められる空気があれば、人は、その場での話し合いに満足するものです。それぞれが仲違いなどする必要もありません。ただ次なる課題は、多様な意見が出揃ったら、それらをどう創造性を使って集約するか、です。

この際にとても大事なことは、「いろんな考えは尊重されるべきである」と言う考えを一人一人が持つことです。いろんな人がプロジェクトや、会社や組織で一緒に働く時に、この考えはとても大事です。どちらが正しいか否かと言う発想は、人の創造性を鈍らせます。意見も出なくなります。多面的思考は、多様な意見、多様な捉え方、多様な価値観などです。これらが衝突する時に、大いに創造性を働かせて新しい、または素晴らしい解決やアイデアが出てくるのです。ナンシーアドラー博士（カナダのマックギル大学教授で、国際経営学の専門家）は、著書（「グローバル企業経営、異文化マネジメント」）の中で多面的思考の価値創造について触れています。多様な人々がチームで働く時に、チームの構築には時間がかかるが、アイデア創造の段階に入るとその価値は眼を見張るものがあると述べています。

これからの時代は、多様な人々と仕事をすることを避けては通れません。ですから、この考えはとても大事なことです。そして、その考えのもとに、相手の意見を聞き、またはひき出し、そして、自分の意見を伝え、一緒に忍耐強く、創造性を駆使して解決することが必要になるのです。

異文化状況、多文化状況では、多面的思考は尊重され、創造性を持って問題は解決されなければならないと言うことを述べてきましたが、その創造性を邪魔するものの一つは、「常識」です。「非常識だ」とか「常識を知らない人だ」と言って相手の意見をよく聞かない、受け入れないことがあります。このような人には、常識が正解なのですから、それ以外を許しません。こうした考えは、新たな創造を育みません。

次に、「正当性」です。どちらの考えが正しいか、と言った正当性をすぐに求める姿勢です。多文化環境に、正解は一つではないことは先に繰り返し述べてきました。絶対の正解はないのです。正解とはお互いが話し合って創り出していくものです。「正義感」や「正義」も時として危ういものです。自分が正義だと信じている場合は、反対の意見を持つ相手は正義ではない、と言う図式が出来上がります。多文化では、正義と言う定義さえ、疑問視する態度が必要です。正義はどう言うことを具体的に意味するか、その定義がそれぞれに違うことがあるのですから。

それぞれを尊重すると言うことは難しいこともあり面倒なことかもしれません。しかし、丁寧に、その面倒なことをすることが、実は自分の意見も聞いてもらえる、自分も大事にしてもらえると言うことにつながります。

●なんて無責任な！（ソフィアとベスのケース）

事例 4

　フランス出身のソフィアとデンマーク出身のベスは、半年の予定で日本の大学に留学しています。ある授業で、恵美子という日本人学生と3人のプロジェクトチームを組んでおり、3ヶ月後には、国際交流ということをテーマに発表をしなければなりません。この2ヶ月間、3人で授業や授業外でミーティングをし、準備を進めてきました。ソフィアとベスは、いろんなアイデアを出すたびに恵美子が同意してくれているので気を良くしています。発表内容の最終段階に入ろうという時、彼女たちは、仲の良い別の日本人学生からショックなことを言われました。なんと恵美子は、二人の意見は賛成できる部分もあるけれども、あまりよく練られていないと思っていること。また、二人が恵美子の意見をあまり聞いてくれないことにも少々イライラしていると言うのです。特に彼女たちのアイデアの一つ、発表の中にクイズを入れて、自分たちの答えの反応の違いをその場で聴衆に見せることで、異文化体験をしてもらい、学びにつなげようということが、どうしても恵美子にとっては危なかしくて嫌だと言うのでした。そのようなリスクは取るべきでない、と思っているとのことでした。そして、恵美子は、チームでの仕事にやる気を失せてきている、とも言っているらしいのです。

〈振り返りポイント〉

さて、恵美子の態度を、多面的思考や創造性の観点からどう思いますか。あなたは、恵美子とソフィアたちのどちらをより理解できますか。恵美子は、どうすべきだったと思いますか。また、ソフィアとベスにどんなアドバイスをしますか。

確かに恵美子の文化（日本文化）からすると慎重に行動しないこと、準備が不十分であることはあまり高評価を得るものではありません。恵美子には彼女たちの提案が違和感のあるものなのかもしれません。そんな時には、その状況から一歩引いて、眺めてみると良いのです。そして自分に質問します。なぜ、自分は嫌なのだろうか、何を大事にしたいのだろうか。このように自分自身に質問することで、自分の価値観や大事にしたいことや自分の好みが見えてきます。自分を知ることは国際化の大事な一歩です。ぜひ、あれっと思ったり違和感を強く感じたりした時は、このように一歩引いて自分に質問してみましょう。

その後で、相手の頭や心の中に入る努力をしてみましょう。つまり、自分のレンズではなく相手のレンズから彼女たちの言動を見てみるのです。なぜ彼女たちは「開けてびっくり玉手箱」的な流れを作りたいのか、を考えてみるのです。彼女たちは、クイズを通して何か「その場を活性化させる」ことや、ある種の「エンターテーメント」を狙っているのかもしれません。しっかり準備をして発表すれば、確かにそれなりの評価は望めるかもしれません。ソフィアとベスのクイズを入れるというアイデアは危ない部分もあるかもしれません。しかし、他の視点から見たら、彼女たちの意見のプラス面が見えてくるのではないでしょうか。聴衆が、その場に居合わせることで得られる高揚感や楽しさ、うまくいった時の学びの深さなどは、日本流のしっかり準備して慎重にというやり方ではなかなか達成することは難しいかもしれません。自分と違う角度から物を見る多面的思考は、自分一人では得られない創造的な答えを持ってきてくれることがあります。自分の考えにこだわりすぎないことが大事です。

しかし、ここでもう一つ注目したいのは、恵美子は自分の意見を聞いてもらえないとちょっと不満を感じていることです。自分の意見をしっかり伝えたけれども却下されたのでしょうか。それとも恵美子を置き去り（！）にしているかのように、ソフィアとベスだけで決めてしまうと彼女が感じているのでしょうか。（恵美子は意見を聞いてもらえるのを待っている）。残念ながら、日本人に少なからず共通する問題の一つは、この後者の待ち状態にあるようです。受け身の状態です。グローバル環境においては、受け身の姿勢を変えて積極的に行かねばなりません。この状況でいうと、ソフィアとベスは恵美子を置き去りにしているわけではなく、彼女が意見を言わないことイコール彼女たちのアイデアに賛成していると思い込んでいる可能性があるのです。

ソフィアとベスたちも、日本人のコミュニケーションを少し勉強し、どうしたら恵美子の意見を引き出せるかを学び、日本人の本音は何かを見つけ出すためのスキル練習が必要です。恵美子の、しっかり準備し、慎重にするべきという意見と、ソフィアとベスの意見がうまく融合したらより面白い発表につながるかもしれないのですから。お互いに達成感を共有するためにも、双方からの努力が不可欠です。

Do It Yourself! 実践

エクササイズ ❶ 「PLI」しよう！

注：PLI手法は、エドワード・デボノ博士（マルタの医師、心理学者、作家、発明家、コンサルタント。水平思考で有名）のSix Thinking Hatsを元に著者が手を加えた手法です。デボノ博士は創造的思考、および誰もが使えるシンプルな思考スキルの開発における世界的権威です。自分たちの発想が如何に枠にはめられているかを感じさせられます。

PLI手法のPはPositiveは肯定的、プラスの姿勢を意味します。LはLimitedで限定的、否定的なことを指します。（原書では、LimitedではなくConcernのCが採用されていた。）IはInterestingでおもしろい、興味深い、奇想天外、クレージーな、という意味です。つまりPLI手法とは、１つのテーマについて、これらの３つの角度から徹底してブレーンストーミングをするやり方です。１人で、またはグループの皆で行うことが可能で、これは多面的思考を養う一つの有効な方法です。

ブレーンストーミングとは、ある問題やテーマについて、数多くのアイデアを出す手法であり、プロセスです。どんなアイデアでも書き留めます。この時点では、良い、悪い、とか、できるとかできそうにない、などの判断をせずに徹底して多くのアイデアを出すことが良いのです。例えば、何か新しいアイデアを探す時、問題を解決したい時などに、この手法は大変効果的です。実際にやってみましょう。

テーマ例：
「地域の赤ちゃんは、その地域内の手の空いた成人や、お年寄りたちが、母親と一緒になって育児する」

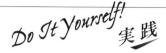

P（肯定的、前向き）：

□母親のストレスが軽減する

□お年寄りたちがより生きがいを感じる

□赤ちゃんも愛情を多くもらえる

L（限定的、否定的）：

□中には好ましくないお年寄りや成人がいるから安心できない

□赤ちゃんがなつかない

□何かあったら誰が責任をもつのか

I（興味深い、奇想天外）：

□赤ちゃんが、老人たちがいる場に行くと泣き止むようになる

□成人やお年寄りの中で、交際が始まり、カップルが誕生する

□外国から見学に来る人が後をたたない

《問題》

次の3つのテーマでPLIをペアか、1人でしてみましょう。上のテーマ例を参考に各項目別に書き留めてください。

テーマ①　農業の自給率をもっと上げる

テーマ②　全ての学校を共学にする

テーマ③　役所などでもフレックスタイムを採用する

▶解説は117ページ

エクササイズ ❷ 一人連想ゲーム

腕時計で30秒測りながら、いくつの連想ができるかを試すゲームです。数多くの連想を目指します。基本は名詞だけで形容詞はだめとします。このゲームは、通学や通勤途中などいつでもどこでも、楽しみながらできる演習です。

〔例〕地球ーサッカーボールー白黒ー馬ーかけっこー運動会ー玉いれーイモ洗いー新じゃが

数多くの連想ができる人は、創造力に長けているのかもしれません。失敗する事を恐れない一面があるとも言えるでしょう。一方、十分な準備をし、完璧な仕事をする傾向のある人たちは、このような即興的なことには苦手意識を持つ事があるかもしれません。

この練習は、日常会話を進める上でのヒントにもなるのです。上記の例から言えば、地球の話をしていて話が途切れたときには、「ところで地球からサッカーボールでもないのだけれど、次のサッカーW杯は…」と会話をつないでいけばよいのです。このように、連想で会話を続ける、会話を楽しむ、言葉を交わすことを楽しむ、高じて相手を楽しむ、ということになれば、しめたものです。会話は、競争でもコンテストでもないのです。会話をどう進めてよいかわからない人は、ぜひ実践する事をお勧めします。

ところで、「想像」は「創造」に直結する、とも言われます。自分の将来を好きなように想像し、それをぜひ創造したいものですね。

▶解説は118ページ

エクササイズ ❸ 自己の多様性（男女）レベルを診断

形容詞のリストを見て、自分の考え、感覚として、より男性的（M）、より女性的（F）、どちらとも言えない（○）、のいずれかの中から選んで書いてください。直観で良いので、ああり考えないで書いてください。そして、終わったら回りの人と見せ合い、〔解説〕で確認してみましょう。

1. 頼りになる	（　）	21. 偏屈	（　）
2. 包容力がある	（　）	22. か弱い	（　）
3. 理想主義	（　）	23. おしゃべり	（　）
4. 柔軟	（　）	24. 現実的	（　）
5. やさしい	（　）	25. 頑固	（　）
6. 社交的	（　）	26. わがまま	（　）
7. 感情がこまやか	（　）	27. 世話好き	（　）
8. 感情的	（　）	28. 知的	（　）
9. うるさい	（　）	29. 親切	（　）
10. おせっかい	（　）	30. 優柔不断	（　）
11. 気がつく	（　）	31. 頭が良い	（　）
12. 素直	（　）	32. タフ	（　）
13. 理性的	（　）	33. 創造力がある	（　）
14. 依頼心が強い	（　）	34. 多面的視点を持つ	（　）
15. 自己主張が弱い	（　）	35. 攻撃的	（　）
16. ゴシップ好き	（　）	36. いじけやすい	（　）
17. 本音を出さない	（　）	37. 頼りにならない	（　）
18. メカに強い	（　）	38. おしゃべり	（　）
19. 理数に強い	（　）	39. 信頼できる	（　）
20. 独断的	（　）	40. 決断力がある	（　）

▶解説は 116 ページ

解説

▼エクササイズ１

これらのブレーンストーミングの結果は、どれが良いとか悪いとかというものではなく、出尽くすまで行います。一見どんな突拍子もないと思われるアイデアでもすべて書き留めます。三つすべての項目で出尽くしたら、そして満足したなら、次の作業に移ります。問題解決をする場合は、出尽くしたアイデア・リストを眺めて、何か良い策を探します。良いものが見つからない場合は、何かそのリストからヒントがないか、リストの中のアイデアを統合できないか、などをさらに考えます。

問題解決や新しいアイデアを探す時、何か決断を迫られた時に使うことをお勧めします。日常的に、遊び感覚でこれをやることで多面的思考を育むことになります。

ＰＬＩ手法を試す時に、三つのどの項目が一番出てくるかを見ていくと自分の傾向がつかめます。例えば、Ｐが多く出る人は前向きで楽観的な傾向が強いですが、何か作業をしていくうえで準備やフォローが完璧でないことがあるようです。Ｌが多く出る人は、この逆で、入念な準備をし、仕事が几帳面です。しかし、行動し始めるまでに時間がかかることが多いようです。または行動せずに終わってしまうこともあるようです。例えば、「海外に旅行したいのだが、英語をマスターしてからでないと海外に行ってうまくやれない、怖いことがある、困るだろう」ということでマスターするまで待ちます。しかし、マスターする日はなかなか来ない、結果、海外に行けないという具合です。そして一生その日が来ずに英語の勉強ばかりに明け暮れることになってしまうかもしれません。Ｉが強い人は、発明とかが好きな人、または、独自性を強く持っている人ですが、その点、周囲の人から

「この人は変わっている」と見られることもあるようです。

日本人の過半数は、Lが得意です。これは欠点や短所を見つけ、それを直していこうとする品質改善に必要な姿勢なのですから、見事に日本人のこうした傾向、長所が今の日本の発展に活かされているわけです。また日本人の全体の傾向としてIは苦手な人が多いようです。まわりの目が気になるのでしょうか、どうしても平均的な発想しか出てこない傾向があります。

▼エクササイズ2 連想ゲーム

いかがでしたか。連想する、想像する、創造する、楽しめましたか。コミュニケーションは楽しいものです。そして、人との出会いは、一期一会、その瞬間は二度と戻らない瞬間でもあります。そうした想いを持って、いろんなことに感謝しながら、相手と関わっていけば、さらに出会いが楽しく、貴重なものになることでしょう。

▼エクササイズ3

いかがでしたか。この問題を進めていくうちに、こうした区別すること自体が不自然ではないか、という疑問が湧いてきたかもしれません。男性とか女性で、このようなリストに答えること自体、実は適当なことではないのです。性格的な描写の面から、「男性はこうである」、「女性はこうである」という捉えかた自体、多様性尊重の視点からは遠い、ということになります。

もちろん、男性と女性の生理的、肉体的な区別はあります。その区別は存在します。性による生理的な特徴、そして、生理的な違いから来る性格的な違いもあるでしょう。そうした自分の特徴、違いを、私たちそれぞれが、誇りに思うべきです。自覚し、それを活かして生きていくことが自然です。そして、それは実は楽な生き方でもあるのです。

しかし、「性格や能力などの違い」を「女性は……だ」とか「男性は……だ」と今までそう言われていたからといって、そのまま信じ込んで言い続けるのは好ましいことではありません。今後、そういう言動を徐々に控えていくことが望ましいと思います。そうすることで、多様性を尊重するということにつながっていきます。そして多様性を尊重した生き方はさまざまな状況において、今後ますます求められることでしょう。自分が楽になる、それは、回りも楽になることです。つまり、多様性の尊重は、自分を含めた皆が楽に生きて行くことにつながるのです。

スキル演習 C

a. 「Yes, and...」の活用：「でも…」「しかし…」の代わりに

「私は右へ進むのが良いと思います」と誰かがあなたに言いましたが、あなたには反対の思いがあるとします。そこで「でも、私は左がいいと思いますよ」と言いたいかもしれれません。ただ、この言い方では、摩擦が起こりかねません。そこで、「でも…」「しかし…」の代わりに「はい、そうですね、そして私の意見は…です」という言い方を勧めます。聞く方は、少し、印象が和らぐものです。先のコメントには、たとえば「そうですね。そして私は、どちらかと言えば左が良いか、と思うんです」などと、相手を否定せず柔らかく、かつしっかり自分の意見を言うやり方です。では以下を練習してみましょう。

1. 「このまま先に進むのがベストですよ」（あなたは止まるべきだと考えています）

2. 「私は、みんなでやるべきだと思います」（あなたは、1 人ずつ別にやるべきだと思っています）

3. 「やはり、今回は中止にしてはどうでしょうか」（あなたは、もう少しこのまま様子をみて続けるのが良いと考えています）

4. 「最初から、企画全体を変えることが効率的でしょう、皆さんの苦労が水の泡になるけれど、これしかありません」（あなたは、企画をこのまま続けてやるべきだと思っています、なぜなら全体を変えることで士気が下がることの方が非効率的と思うからです）

5. 「あそこの国の人は遅刻が多いから厳しくしましょう」（あなたは、その国の人の時間感覚を尊重するべきだと考えています）

b. 会話を前に進める

頷きと相づちの練習をペアになって実践します。オブザーバーを入れ3人1組ですることを勧めますが、人数の関係で2人だけでも可能です。これは、聞くスキルを練習することが目的です。時間が許せば、他の人たちとも同じ形式で練習してみましょう。

1. まず、じゃんけんで話し手、聞き手を決めます。トピックは、「好きな食べ物について」、または、「行きたい場所や国について」、自由に話してください。楽しんでください。(2分)

2. (オブザーバ、または話し手が) 聞き手が何回相づち (例、「はい」、「えー」、「そう?!」「そうなんだ?」、「なるほど」など) を入れているか、数えてください。オブザーバーは、さらに、どんな相づちが自分だったらあるかを、もしあれば、書き留めてください。オブザーバー不在で話し手だけの場合は、相づちを数えるだけで良いです。

3. 合図で、話をやめます。話し手は、聞き手に対してフィードバックを具体的に伝えます。(たとえば、話を聞きながら、頷いたり、時には質問をしてくれて「聞いてくれている」と感じて話しやすかった、などです。) フィードバックの後は、相づちの回数と頷きの回数、そしてどんな相づちがひんぱんに見受けられたかを大体のところで良いので、聞き手に伝えます。どのような相づちが特に良かった、気がついたか、などについても言及してください。(2分)

4. 終わったら、役割を交代します。最終的にこの演習をして気づいたことを話し合います。(3分)

スキル演習Ｃ ▶ 解説

▼a.「Yes, and...」の活用：「でも…」「しかし…」の代わりに

▼回答例

1.「このまま先に進むのがベストですよ」（あなたは止まるべきだと考えています）
回答例：そうですね…、私は止まるのが良いのでは、と思っています。

2.「私は、みんなでやるべきだと思います」（あなたは、１人ずつ別にやるべきだと思っています）
回答例：そうですか…、私の考えは、１人ずつ別にやるのが効率的かと。

3.「やはり、今回は中止にしてはどうでしょうか」（あなたは、もう少しこのまま様子をみて続けるのが良いと考えています）
回答例：なるほどね…、私は、このまま続けて様子を見るのが良いと思いますよ。

4.「最初から、企画全体を変えることが効率的でしょう、皆さんの苦労が水の泡になるけれど、これしかありません」（あなたは、企画をこのまま続けてやるべきだと思っています、なぜなら全体を変えることで士気が下がることの方が非効率的と思うからです）

回答例：ええ…、このまま続けて頑張る方が良いのでは、と私は思っています。全体を変えることは皆の士気が下がる、これは結果として非効率的になるかと。

5．「あそこの国の人は遅刻が多いから厳しくしましょう」（あなたは、その国の人の時間感覚を尊重するべきだと考えています）

回答例、そうですね…それもあるかもしれません。そして、私は、その国の人には違う時間感覚があり理由があると考えますので、尊重すべきなのではないかと。そして同様にこちらの時間感覚も教えていってはどうか、と。こうやって徐々に歩み寄るのがいいんじゃないかと思っています。

いかがでしたか。難しく感じた人もいたかもしれません。または違和感を感じた人もいたかもしれません。口癖のように、「でも…でも…」と言う人にとっては、さらに違和感があったことでしょう。ここでは、その誘惑や癖に逆らって、「そうなんですね。そして私の考えでは…」と言い換えてみる練習です。どちらが正しいと言うことを狙うのではなく、違う考えをまずテーブルに出し合うのです。そこで一緒に考え、ベストの対策や解決を見つけることが大事なのです。このアプローチは、多文化社会では、効果的で、結果的には生産的でさえあり得るのです。

次のステップとして、日常の会話やミーティングでこのフレーズ「はい、そうですね。そして私は…と考えます」と試してみてください。その場は、少し和らぐかもしれません。建設的な会話やミーティングをしたい人にお勧めします。

▼b．会話をさらに深堀する

まず、自分の相づちの傾向に気づきましたか。**相づち**は多い方か、少ない方か、どんな相づちが多いのか、など、相手からのフィードバックを元に自分の癖をわかりたいものです。

相手の相づちに何か気がついたことはありましたか。もし、自分ではあまりやらないが、その相づちをやってもらって良かったと思えたものは自分にも取り込んでください。たとえば、スマイルも同じような効果があります。

きっと相づちを意識して会話をしたことで、会話がいつもより盛り上がったのではないでしょうか。話し手として、どんどん話しが深まり、または、広まったかもしれませんね。このように相づちは会話を広げ、前に進める役割を担うこともできるのです。

相づちの効果を実践できたら、しめたものです。意識してどんどん使って、話を盛り上げてください。あなたの相づちで、相手を話しに引き込んでください。

第5章

人間関係力の資質その4

自律・責任感（相互依存）

自分の足でしっかり立つ

急速に進む多文化社会、そこで求められるのは、自律、そして自分の言動に責任を持つことなのですが、日本人にとっては、これはどういう意味をもつのでしょうか。均質な人間の集団では、頼り頼られるといった「べったりした人間関係」が生じやすいのですが、多文化社会では自律と自己責任を基礎とした人間関係が大事です。均質な人間の集団では、相互依存がよりうまく機能しますが、行きすぎると、他人に甘えすぎたりするものです。甘えすぎが高じると、とかく責任の所在が不明になったり、息苦しいまでのもたれあいの人間関係が生まれてきます。日本の社会はどちらかと言えばこれに当たります。日本では、相互依存の関係が重視されるあまり、自律を大きな価値として位置づけてきませんでした。ですから多くの日本人にとって、自律すること、自分の言動に責任を持つことは、ひとつの大きな課題と言えるかもしれません。

一方、自律を重視する傾向が行きすぎると「相互依存は良くない」という考えを導きかねません。ともすると社会もギスギスした社会になりがちです。しかし、人間は一人で生きていくことができないので、集団を形成しその中で生きていく動物ですから、相互依存こそが人間社会の基盤なのです。したがって、むしろ、相互依存ができることは理想なのです。つまり、自律と相互依存、どちらも不可欠な能力であって、そのバランスが鍵と言えるでしょう。

一見、「自律」と相反するように見える「相互依存」ですが、この相互依存は、どちらかと言えば日本人には慣れ親しんだ考え方、やり方です。「人」という漢字を小学校で学ぶときに、人とは支えあって生きていくものである、との説明と共に漢字を学んだ人も多いことでしょう。

私が以前、米国で同じ会社（日本企業と米国企業との合弁会社）で一緒に働いたアメリカ人女性が30年前を振り返り「相互依存」についてこうつぶやいていたのが印象的です。「あの会社の良かったことは、相互依存を許されていたことだ。」私にとって「相互依存」は当たり前の感覚でしたので、その良さに気づくこともなかったわけですが、アメリカの会社で働いてきた彼女には、日本的なこの合弁会社で「相互依存」が許される風土に出会い、新鮮に映ったようでした。彼女の発言に、私は軽い感動を覚えたものです。そして、日本人であることを誇らしく感じました。

このように私たちは、私たちにとって当たり前のことは何の意味も価値もないように捉えているのですが、または意識さえないのが普通なのですが、異文化の人の目を通して初めてその意味や価値が見えることはよくあるものです。彼女の感想から気づいたのですが、日本人は「相互依存を許してやる能力」があると言っても言いすぎではないと思います。

一方で、日本人が「自律」の能力をより高めていく、養っていくことが今後の多文化社会で生きていくには大事なことです。「自律すること」を最高の価値観のひとつとして社会に位置づけている文化も少なくありません。個人主義の強い文化、例えばスイス系ドイツ人やアメリカ人などがそうです。将来は、このような価値観を持った人たちと隣人となったり、机を隣り合わせて仕事をすることになるかもしれません。インターネットでそういう人たちと交渉することになるかもしれません。そういう文化で育った帰国子女が同級生になるかもしれません。このような環境に生きている私たちとしては、相互依存の能力を維持しながら、かつ「自律していくこと」をもうひとつの大事な価値観として、これから心がけていく必要があるでしょう。

「相互依存」を一つの基軸とする日本の社会観では、人間関係を網にたとえたりします。自分という人間は、網の目のひとつであると。一見、自律とは関係のない感覚に思えますが、はたしてそうでしょうか。むしろ、こう考えられませんか。そのひとつの網目をしっかりと保つこと、まさにこれが「自律する」ということではないかと。自分という網の目が破ければ、隣の網目にも悪影響を及ぼすことは必至です。ひと目ひと目の網がしっかりと張っていればこそ、網が網として機能することになります。たったひとつの網の目では魚や鳥を捕まえることはできませんが、ひと目ひと目がしっかりと破けずにつながっている状態の網でならば、一匹どころか大漁も夢ではありません。このように、これからの世の中は各個人が自律してこそ、よりバランス良く健全に相互依存ができていくのだと思います。

●被害者意識に悩む（離婚させられた男性のケース）

事例１

自分の度重なる浮気で、ある子煩悩なお父さんが離婚させられました。その人の伴侶は養育の権利を主張し、その権利は認められました。頻繁な浮気を重ねるような父親には親としての責任が感じられないからです。離婚させられた父親は、子供と一緒に住めない自分の悲劇を嘆きました。そして、自分がいかに惨めでさびしくて、かわいそうかを家族、友人に愚痴りました。いかに元の妻が冷酷で、自分は被害者かを嘆きました。離婚後、いつまでたってもこうした態度に変化はありませんでした。このような彼の言動にまわりも疲れてきました。

〈振り返りポイント〉

さて、離婚を突きつけられ相当参っているお父さんですが、このお父さんは、自律、責任、相互依存の観点から見て、どうでしょうか。自分の体験、例えば、失恋や大事な友人と喧嘩をして関係が切れた経験などを思い出して考えて見てください。お父さんはどうしたらよかったのでしょうか、そして、これからどうするのが良いのでしょうか。

この離婚させられた子煩悩なお父さんが、今後、より自律していくためにはどう行動を変えていけばよいのでしょうか。自分が作った結果を他人のせいにすることなく、しっかりと受け止めること、これが自律した姿勢です。もともと彼は、自分の網の目をしっかりと保つことをしていません。伴侶に対する責任をないがしろにし、自律した行動をとっているとは言えません。過ちは誰にでもあるものですが、浮気を重ねることはその域を超えています。相互依存とは、自分のできないことや足らないことに対して、他の人から助けをもらうこと、そして助けを求められた場合は助けてやること、この双方通行の助け合いを意味します。結婚生活は、まさにその連続です。例えば、料理が上手で好きな人と、料理は嫌いでも片付けが好きな人が一緒になることでお互いに補い合うことができます。大工仕事が得意だがパソコンは今ひとつと言う人と、パソコン操作は得意だが大工関係の仕事は全くダメな人が一緒になることもあります。この例のように、お互いが相互依存する状態が日常的にあるのが、一般の結婚生活です。しかし、それは自律した人たちの関係だから、相互依存もうまく機能していくのです。自律していない人の網の目は、ほころびがあります。そして、そのほころびが隣の網にも影響し、隣の網もほころんでしまうことがあるのです。まずは、自分の網の目のほころびの修正を始めることが、自律し、責任ある行為と言えるのです。他人のせいや、状況のせいにしない、これが自律ある姿勢です。シンプルですが、しかしとても難しいことでもあります。そして自律とは、自律できた、自律できていない、と言った具合の二段階ではなくいくつものレベルがあり、私たちは徐々に自律することで成長していくものです。健康な人間関係とは、**自律した個人ともう一人の自律した個人が、必要に応じて、相互に依存しあえることが鍵**となります。

具体的にこのお父さんの場合は、すでに離婚をしているので伴侶としての責任は持ちませんが、現実を受け入れ、相手の同意があれば、時おり子供に会い、子供の成長を見守ることなどは父親として責任ある行為と言えるでしょう。こうしたひとつひとつの行為を積み重ね、ほころびが縫い合わされていけば、隣のほころびも修正されるかもしれません。修正の数が多ければ多いほど、その人は素敵な人と言えると思います。

「自律」することと「相互依存」は一見、相反して見えるのですが、実はこのように相関関係にあるのです。さまざまな背景を持った人たちと生きていく社会だからこそ、より一層の自律が求められます。自律しながらも、いや、自律しているからこそ、自分の限界を超える前に、相手に助けを頼んだり、または相手の頼みを引き受けたりといった健全な相互依存の関係を育む事ができるとも言えます。相互依存しながら、一人ひとりが自律していくことは、より生きやすい社会を創る、ということにつながります。それはきっと、私たち皆がより楽に生きていける社会ではないでしょうか。

● 隣人の外国人に戸惑う（山本さんのケース）

事例 2

山本さんは二十一歳、独身です。一人でアパートに住んでいます。隣に二十代後半とおぼしきアメリカ人男性が引っ越してきました。引越し荷物はほとんどなく、これから必需品を買い揃えるのでしょう。少し経ってそのアメリカ人男性は、引越しのダンボールやビニール袋をアパートのゴミ置き場に持って行き、そのまま置いていきました。このアパートのゴミ置き場にはダンボールは紐で縛って、ビニール製の物はゴミ袋に入れて所定の場所に置くようにと掲示されています。隣のアメリカ人はその掲示が読めないのでしょう。このような状況が2週間、続きました。山本さんは隣の住人に分別ゴミの出し方を教えるべきか、そんなことは家主に任せるべきか迷っています。

〈振り返りポイント〉

さて、あなたが山本さんならどうすると思いますか。山本さんは、自律の観点から見て、どのように行動するのが良いと思いますか。

地域社会での日常生活で大きな問題になりやすいのはゴミの出し方でしょうか。ゴミの出し方は世界のいろいろな地域で異なります。日本国内でも地域によって異なりますので、引っ越した場合は、とても気を遣う事柄のひとつです。住民の中には、規則を守らないで、隣近所に迷惑をかけている人がいます。自分の出したゴミを規則に従って自分で処理できないような人は自律できているとは言えません。

外国人の多くは漢字が読めないか読めても理解できないことがありますので、まわりの人々の行動を見て、まねることが多いわけです。ゴミの出し方もまわりの人々のまねをします。したがって、自律できていない住民をまねされると他の住民は困ってしまいます。このケースでは、そのようないいかげんな住民のまねをしたわけではなく、規則を知らなかっただけのようです。ここで、山本さんがゴミの出し方を隣人に教えれば、隣人の自律に小さな貢献をしたことになります。家主から言ってもらうのは当然として、良き隣人から教えてもらうのも親しみが持てます。ことばが通じないだろうと心配しないで、ジェスチャーなどを使って身をもって示せば、メッセージは意外と簡単に伝わります。

ここで指摘したいのは、自分が自律した生活をしていないと、隣人にアドバイスすることもできないという点です。人の生活にちょっかいを出したくないから放っておくというのは自主性を尊重する態度のように見えますが、実はそうではありません。アパートでの生活は共同生活です。お互いができるだけ快適に過ごせるように最低限の規則があるわけですから、それを尊重できるように助け合うのは住民の義務です。規則を守らない人を野放しにしていては、自律が育たず一部の人々が常に尻拭いをさせられる状態が続き、快適な共同生活はできません。

地域社会で自律した生活を営むには、音、火、水の管理が基本です。文化習慣が異なるとこれらの管理の仕方も異なります。夜遅くまでテレビやステレオの音を響かせて、隣近所に迷惑がられ、警察を呼ばれたケースなど、音に関する苦情をよく耳にします。火や水の管理は昔に比べれば非常に楽になりましたが、タイマーや温度調節機能などの故障で思わぬ事故が起きることもあります。そのような場合を予想して連絡先などを前もって調べておくことも自律した生活を営む者の知恵です。自分でできることは自分でできるように自己管理し、どうしても隣人の助けを必要とするときは臆せず助けを求め、困っている人がいれば自分のできる範囲で助ける、これらの判断を自分でできる人を自律している人と言うことができます。行政が個々人の自律した生活を手助けするための情報を提供するのは当然としても、住民同士の情報交換やコミュニケーションがないと孤独なコミュニティーになってしまい、豊かな地域社会が形成されません。

事実、多くの留学生たちは言います。「私たちは外国人なのでわからないことがあります。日本人の人たちに教えてもらいたいです。」このように留学生は声をかけてもらうことを希望しています。声がけして、新しい外国のお友達ができるかもしれません、声がけが難しかったら、まず、図を書いて手渡してみてはどうでしょうか。絵と最低限の言葉を英語で書いてやれば、話のきっかけになります。勇気を出してみませんか。きっと、何か良いことが待っています。

●ボランティアに重い腰をあげる？（斉藤さんのケース）

事例３

斉藤さんは五十五歳です。子供たちは独立しています。子育てが終わったこれからの時間をどう過ごそうかと思案しています。友達の森さんは外国人住民のための日本語クラスでボランティアで教えています。楽しいから一緒にやりましょうと斉藤さんをさそってくれました。しかし、日本語のボランティアをするにも市が行っている研修を修了しなければならないと聞いて、躊躇しています。

〈振り返りポイント〉

さて、もし斉藤さんが自律し、相互依存もできる人だとしたら、どうするのが良いと思いますか。あなただったら、どうしますか。

今、日本には多くの外国人が生活しています。日本に仕事で来ている人、留学で来ている人、中には難民の人もいます。国際結婚の人も増えています。皆、多かれ少なかれ日本語で苦労しています。ことばができるかできないかは地域社会に溶け込むことができるかどうかの鍵です。ですから、ことばの習得を手助けできるなら、なるべくしてあげてほしいものです。斉藤さんは、研修のことが心配のようですが、難しい言語理論や教授法を学ぶわけではありません。日常使っている日本語をどのように教えるか、非常に基本的で実際的で実用的なことを学ぶ研修です。一般の人々に十分理解できる内容です。躊躇しないで一歩を踏み出して欲しいものです。楽しい経験が待っていることでしょう。

地域社会に外国人が増えると治安が悪くなるとか、雰囲気が悪くなると言って嫌がる人がいますが、これは法を犯す外国人と法に従って生活している外国人住民を十把一からげにした一方的な批判です。私たちは、外国人の方々の働きの恩恵を受けていることを忘れてはなりません。3K（きつい、汚い、危険）の仕事をしてもらっている場合はなおさらです。労働環境が厳しい人々には特に地域社会の温かい人間関係を経験してもらいたいものです。良い人間関係があれば、治安を乱したり、雰囲気を悪くしたりすることは少なくなるでしょう。また、日本人側も彼らの文化習慣がわかれば一方的な批判をしなくなるでしょう。いろいろな文化背景の人々が助け合って生きていくことで地域社会を豊かにしていくことができるのです。

日本人だけで固まって自己満足に陥るのではなく、国際的に相互依存している社会で生き生きと生活していくために、私たちは、外国人と交流することで積極的に市民としての責任を果たしましょう。それは、特別なことをするというのではなく、〔事例2〕で紹介した山本さんがアパートの隣人のアメリカ人男性に声をかけるというような、ちょっとした行動からスタートすれば良いのです。地域の祭りに誘ったり、一緒にウォーキングをしたり、いろいろな行事に参加してもらったりすることもできます。

地区主催の研修会や親睦会で相手の文化習慣を学んだり、日本語や日本の文化を教えたりすることもできます。自分のできる範囲で自然な形で責任を担えばいいのです。最初は予想しないことが起きるかもしれませんが、コミュニケーションをしっかりとれば、きっと互いに楽しい経験ができ、このグローバル社会を楽しく共生していく能力が身につくことにもつながります。一石二鳥ではないですか。

●家族旅行に行こう（山崎さんのケース）

事例4

山崎さんは、秋の紅葉を楽しむ一泊二日の家族旅行を計画しました。全員で行けるよう、家族が一緒になって、みんなの予定を書き出し、日にちを調整しました。ところが、旅行の前日の夕方になって、大学一年の洋介君は、提出日が三日後の朝一番の授業のレポートが書けていないので一緒に行けないかもと思っています。その日一日、アルバイトで忙しく、レポートに手を出せませんでした。レポートの完成には六時間以上はかかると考えています。どうしてもこの授業から良い成績が欲しいのでいい加減なレポートを提出するわけにはいきません。言い出すのは申し訳ないと思いましたが、思い切って家族に「ごめん、俺、明日の旅行は行けないかも。学校のレポートが間に合わない」と言いました。お父さんは「…学校は大事だからな…どうしようか、お母さん？」と尋ねました。「何考えてんの、あなたは！　それはどう言う事?」とお母さんは厳しい顔をして洋介君に問いただそうとしました。剣悪な雰囲気になりました。

〈振り返りポイント〉

さて、洋介君のこの態度を自律の観点から、あなたはどう考えますか。あなたならどうしますか。

この場合、洋介君は旅行の日程を承知していたにもかかわらず、前もってレポートを書きあげるという責任を果たしていません。日程を承知していたということは、その日程に賛成しているということです。自分が賛成した以上は、その責任があります。その責任を果たすことが自律ある行動となります。

確かに、理由が勉強だと親は腰砕けになる傾向がありますが、洋介君は、猛烈な反省と努力が必要です。まだ、夕方です。洋介君は集中して頑張ればレポートを書き上げるか、ほぼ完成に近いところまで書ける可能性があります。家族旅行への参加を前提に責任ある行動をとることが、自律している態度です。短期集中でかえって的の絞れたレポートが書けるかもしれません。自律ある態度は、信頼関係の構築と維持に大変大事なことです。まずは信頼関係を造り維持していくことが、家族関係にも他の人間関係にとっても大事なことです。

Do It Yourself! 実践

エクササイズ ❶ こんなとき、あなたならどうする？

以下の状況で、あなたはどのように行動しますか。いろいろな条件を設定して、自分ならどうするかを話し合ってみましょう。

1. 仲良しグループからコンサートに誘われました。自分はその日は別の予定を組んでいますが、自分だけの予定なので変えることもできなくはありません。あなたならどうしますか。

   ①誘いに応じる場合の条件

   ②誘いを断る場合の条件

   ③その他の対応とその場合の条件

2. 高い志を持つあなたは、ボランティア活動、留学生のお世話などフル回転で奉仕しています。しかし、家族からはもっと家の中のことに心を寄せ、エネルギーを使ってほしいという要望が出ています。あなたならどうしますか。

① 家族を優先させる場合の条件

② 家族以外を優先させる場合の条件

③ 自分を最優先させる場合の条件

3. 自分の良さや能力を生かしてくれない上司に振り回されて、したい仕事もできないと感じています。あなたならどうしますか。

① 上司の指示に従う場合の条件

② 上司の指示に従わない場合の条件

③ したい仕事を優先させる場合の条件

▶解説は 144 ページ

エクササイズ ❷「なぜ、なぜ、なぜ？」

以下のそれぞれの文章に３回のなぜ、という質問をしてください。なぜの答えに対してなぜを続けるのではなく、同じ文章に対してなぜを３回やってみてください。

1. 人が他の生物を殺すのは良くない

2. 地球を汚染することは良くない

3. 他の生物を思いやることは良い

4. 謙虚であることは良い

▶解説は 144 ページ

解説

▼エクササイズ1

「相手の希望をかなえてやりたいのはやまやまだが、自分の優先も大事にしたい。さて、どうしようか」と悩むのはよくあることです。特に「相手を立てたい」と思う傾向の強い人はなおさらでしょう。もし相手の希望に対して「イエス」と言ったならば、自分の行動に責任を持つ、これが自律しているということです。しかし、自分の最優先を曲げてまで「イエス」と答えたとしたら、それはどうでしょうか。自分を大切にする責任がないがしろになっていないでしょうか。この演習を通じて、様々な意見や選択肢があることに驚かされたかもしれません。このように、人は色々ですから、困った時は、相手に助けを求めてみると意外な解決に出会えるかもしれません。

▼エクササイズ2

製造業界などでは、品質改善のために「なぜ」を五回、または七回言うことで問題の真の原因を追求しようという試みが長いこと行われてきています。こうすることで、本当の原因は何かが見えてくるのです。同時に、最初問題と思っていたことが実は問題ではなかったということもあるのです。日常の私たちの生活においても、これは役立つと思います。自分が問題を抱えているときに使ってみてください。あれだけ悩んでいた問題が思わぬ進展を見せてくれるかもしれません。問題が問題でなくなるかもしれません。または、自分が被害者だ、と思っていたことが実は、自分が問題を起こしていたということに気づくことになるかもしれません。逆があるかもしれません。新たな可能性、希望が湧くかもしれません。

　このように、問題に直面した時に、その目の前の問題を深くそして広く考えることは良い習慣です。深く広く考えることで、自分にとって責任ある行動は何か、自律ある態度とは何か、ということが鮮明になります。ぜひ、公私にわたって実践してみてください。

スキル演習D

a. 会話が楽しくなる魔法の「相づち」

相づちは、私たちは結構、無意識にしているかもしれません。あなたはどんな時に**相づち**をしているのでしょうか、ちょっと振り返ってみてください。まず、**相づち**にはどんなものがあるか、1人で、以下に挙げてみましょう。そして、周りと分かち合いましょう。

①（例）うなづき

②

③

④

⑤

⑥

⑦

⑧

⑨

⑩

b. 「相づち」の実践練習

1. 2重の円になって、外側は時計回り、内側は、逆時計回りで歩きましょう。
2. 音楽をかけながら音楽が止まったところで、出会った人と会話をします。先に出し合った相づちを思い出しながら練習し、会話を楽しみましょう。(2分)
3. 合図が鳴ったら、会話を終了、互いにフィードバックで良かったところを指摘し合いましょう。(2分) 最低2、3人と会話します。

スキル演習Ｄ ▶ 解説

▼a．会話が楽しくなる魔法の「相づち」

自分が書き出せなかった**相づち**が、他の人のリストの中にありましたか。例えば、自分は「スマイルをする」を相槌とは挙げなかったが、「スマイルをする」と書き出した人がいたかもしれません。それは、非言語の立派な相槌と言っても良いでしょう。

ところで、**相づち**の役割とは何でしょうか。

広辞苑によると相づちとは、相手の話に合わせること、とあります。言葉を使わなくとも、**相づち**のように相手の話に合わせることはできるものです。相手の話に対して、「聞いてますよ」との意味でスマイルすれば、スマイルも**相づち**の一つ、相手の話に合わせていることになります。

次に、**相づち**を使ったロールプレイをしてみます。自分でこの体験を通してさらに何かを感じてください。**相づち**の効果、インパクトに気づいてもらうのが、このロールプレイの目的です。

▼b．「相づち」の実践練習

せめて、実践練習中は、相づちを意識して会話に入ることが大事です。ともすると、意識して相づちをすること無く、日常会話のまま過ぎてしまう人も少なくないのです。良かった相づちを互いに指摘するだけではなく、一つ改善点を挙げてもらうのも良いかもしれません。「何をしたら、さらに話しやすかったと思いますか」とパートナーに尋ねてみましょう。

第6章

人間関係力の資質その5
オープンな心と柔軟性

心を開いて

今、日本の至る所で急激に国際化の波が押し寄せて日常の生活にまで影響を与えています。まわりを見渡すと外国人の数が増えています。スーパーには輸入食品が盛りだくさんで、日常の買い物で輸入品を無意識に手にすることが日々あたりまえになっているかもしれません。インターネットを通して海外との交信が楽に瞬時にできます。企業においては、九十年代初期ぐらいまでは「優秀な人」が海外赴任者として送られていました。まだ人を選抜できる余裕がありました。しかし、二十一世紀になり、さらなる海外展開が進むと選抜する余力がなくなってきました。今まで海外赴任など考えもしなかった人がその任に当たるというようなことが日々起きています。

日常生活でも、「夏休みには、○○さん一家がオーストラリアに行くらしいよ。あそこの○○さんはドイツへ留学するらしいよ。」という会話を耳にすることも珍しくありません。日本の環境が大きく変わってきていることを実感します。とはいえ、最近までは世の中が変わると言っても、ほとんど日本人だけで日本流で日本人が納得のいく方法やペースでここまでやってくることができたのが今までの日本だったのかもしれません。こうした背景からか、どちらかと言えば私たち日本人の多くが、「変わる」ということをあまり好ましいとは考えていないようです。しかし、もうこれが通用しない時代が来ているのかもしれません。

ある実例を挙げましょう。職場での行動傾向を分析する手法があります。コミュニケーションツールなのですが、多くの人は自分の傾向を知ったり他の人の傾向を知ることが大好きなようで、企業などでは評判のツールです。ツールは、Everythig DiSC（著作権 John Wiley & Sons 社：HRD（株）：日本の総販売代理店）という名前ですが、次に述べる四つの行動傾向に分かれています。新しいバージョンでは正しくは８つですが、ここでは省きます。DiSC のそれぞれのスタイルは、以下のような特徴を持っています。

「D」結果、状況、人をコントロールしたい傾向

「i」人に影響を与えること、人と一緒に何かをやることを好む傾向

「S」まわりとの和や安定を重んじ、急な変化を好まない傾向

「C」仕事の質や詳細にこだわり、理論やデータを重視する傾向

この中で二つのタイプ（SとC）は、急な変更を余儀なくさせられたり、急激な変更に対応すべく時間の余裕がない状況に対し、戸惑ったり、強い抵抗を示す特徴があります。このツールを受けた日本人の過半数が、このいずれかのスタイルに当てはまるとも言われます。また、多くの企業の人との筆者の

経験からもうなずけるものがあります。

私たち多くの日本人はひょっとしたら「世は変わらないもの」といったような感覚に無意識に陥っているのでしょうか。それは、生まれた時から日本という国は存在し、自分たちが民主主義を戦って手にしたわけでもなく、本当の意味での植民地にされたこともこれまで一度もなかった、こうしたことが背景にあるのでしょうか。原因はよくわかりません。

このように慎重でかつ安定をより強く好む日本人にとっては、今の急激な変化を迎えている社会は少し生きにくくなっているのかもしれません。急激な変化の中で、自分の感情はあまり穏やかではない、という人も少なくないでしょう。そこで急激な変化に直面した時に、自分の感情の動揺を少しでも抑えたいと思うわけですが、どうしたら良いのでしょうか。

ひとつは、発想の転換です。今までの「変わらないことが良い」という発想から、変わらないことも良いが、「変わることも良い」という発想です。なかなか難しく、そう簡単ではないかもしれません。私たちを取り巻く自然を見てみましょう。自然とは変わるものであるという事実からみると、「変わらないほうが良い」という考えは、残念ながら**自然に反している**、のではないでしょうか。私たちも自然の一部です。自然が変わるように、季節が変わるように、人間関係や状況も刻々と変わるものなのである、と考えてはどうでしょうか。

「自然は変わるもの、世は変わるもの」、ならば「変わる」ことを**前向きに受け止めたい**ものです。オープンな心と柔軟性とは、こういうことです。昨今、ビジネス社会で特に言われるのが「変化をあえて創る」ことの重要性です。これまでのやり方を踏襲するだけではなく、むしろやり方を変える、違いを創るのだ、ということです。

考えてもみてください。私たちは、誰も他人から無視されたくありません。自分のことを聞いて欲しいと思っています。自分の話は聞いてほしいが、あまりにも意見が違うので相手の話は聞きたくない、との道理はどうしても通じないのではないでしょうか。ひとつ、心の柔軟体操をするのだ、と自分に言い聞かせてみてください。どんどん心が柔軟になっていきます。反対に、心の柔軟性体操をおろそかにすると体同様に筋肉が硬直し、ますます意固地になってしまいかねません。ぜひ、オープンな心を持って違う意見にも耳を傾けてみてください。自分では気がつかない驚きの嬉しい発想に出会うことがあるものです。

事例 1

時間を守らない人にイライラ（鈴木さんのケース再び）

鈴木さんは地域のＮＧＯ国際交流会に所属しています。鈴木さんは、大人を対象とした会主催の地域の史跡や文化施設を見て歩くウォーキング・ツアーのガイド役をボランティアでしています。五年近くこのボランティアを続けていますが、以前に比べて、外国人は増加の一途にあり、人数が多くなると同時に、その出身文化も多様になっています。ところが、ボランティア役は基本的に彼一人で、手詰まり感を感じているのも事実です。

鈴木さんがいつも不安になるのは、外国人の参加についてです。なぜなら、集合時間に遅れてくるのは圧倒的に外国人です。鈴木さんは出発時間に参加者のリストをチェックしますが、全員が来ていない時に、遅れる旨の連絡などはほとんどありませんので、当日出発するまで本当に来るかどうかわからない場合も少なくありません。途中から参加してきたケースもありますし、途中でいなくなってしまったケースもあります。責任感が欠如して見える彼らの行動に腹が立つこともあります。「ここは日本なのだからもっと時間を守るとか、しっかり責任感を持った態度が欲しい」と怒りを隠せない調子でその度、伝えているのですが、言っても聞いてくれてないのか、わからないのか、次も同じようなことが起きるのです。

〈振り返りポイント〉

さて、オープンな姿勢と柔軟性の観点から、鈴木さんの姿勢をどう思いますか。あなたが、鈴木さんの立場なら、どうすると思いますか。鈴木さんは、どのようなことができると思いますか。

この章では、鈴木さんのオープンな心と柔軟性を見ていきましょう。鈴木さんがオープンな心を持っていなければ、今までとは異なる事態に遭遇したときに、これは**新しい事態なのだ**ということに気づきません。**新しい事態**に気づかないと新しい解決方法を見出そうという気も起こりません。オープンな心は、新しいものに対する好奇心によって支えられています。新しいものの見方、考え方、やり方に興味を持ち、新しいことを学びたいという精神です。別のことばで言えば、若々しい好奇心に満ちた精神です。

新しいことを学びたいという精神から、情報をもっと知りたいという気持ちが生まれ、その結果、先輩に聞いたり、海外の文化習慣について読んで調べたり、海外生活の体験者から話を聞いたり、外国人本人から意見を聞いたり、というような具体的な行動が出てきます。そして、多くの情報を得て、それらを先入観に囚われずに分析思考すると、今まで見えなかったものが見えてきます。今まで理解できなかったものが理解できるようになります。そして、今までよりは事態を幅も広く、奥行きも深く理解できるようになります。

ということは、事態の複雑さが把握できるということです。この複雑さに頭が混乱するか、それとも頭が活性化されるかで、柔軟性があるかないかがわかります。今までとは異なる枠組みを構築しないと新しい情報を整理することができないとわかったときに、それを秩序の破壊と感じ、抵抗するか、それとも、新しい枠組みの構築を歓迎し、わくわくしながら挑戦するかです。前者の反応をする人は、今までどおりのやり方が唯一正しいやり方であると考え、保守的になりがちです。後者の反応をする人は、新しい可能性に希望を抱き、より良いものを予感します。

新しい枠組みとは、新しいものの見方、考え方、やり方のルールから構成されるわけですから、これを見出すには労力がいります。試行錯誤の部分も多分に含まれます。失敗、やり直し、調整がつきものです。希望を達成するには、初期の苦労をいとわず、強靭で柔軟な心で対応していくことが肝要です。

鈴木さんは具体的に何ができるでしょうか。外国の参加者に一度集まってもらい、意見をきくミーティングをしてみてはどうでしょうか。若い日本人の参加者にも力を借りると良いでしょう。そこでは、日本では遅刻をどう捉えて居るか、と単刀直入に具体的に話してみてはどうでしょうか。話しをすることが大変なら、紙か白板などに書いて見せることが良いでしょう。例えば、午前9時集まりなら、8時50分には日本人は集まることを目指し、9時10分になれば、遅刻とみなし先に出ます、と言ったような具体的な日本人の考え、常識を示すことです。そして、他の外国の人たちに、何分前にくるのが普通か、そして、何時までならあなたの国では待ちますか、と言ったことをぶつけてみるのです。これは、鈴木さんにとっても面白い発見があり、勉強になるかもしれません。何よりもガス抜き、ストレス発散になるでしょう。今の状況は、鈴木さんの寛大な想いだけでこれだけ長いこと続いてきましたが、自分の価値観や想いで一人だけで運営するには、あまりにも大変な状況に見えます。せっかくの良い企画なのですから、続けるためにもこの辺りで柔軟に事に当たってみるのが良いでしょう。

この事例は、第4章「多面的思考・創造性」に前出しており、そして、この章の「オープンな心と柔軟性」でも一緒にみてきました。人間関係力のそれぞれの資質は、このように切っても切れない関係であり、絡まり合っていることがわかっていただけると嬉しいです。つまり、一つの資質のレベルを上げていくと他の資質も一緒に上がってくるようです。

事例2

悩むボランティア（阿部さんのケース）

大学3年生の阿部さんは、将来学校の先生か保育士になる夢を持っています。時々、小学校でボランティアとして子供たちと一緒に遊びながら、お世話をしています。

今回出会った十歳の桃子ちゃんは、冒険好きです。木に登ったり、高いところから飛び降りたりしたがります。怪我をしないかと阿部さんは、ハラハラドキドキです。いちいち行動を制御したい誘惑に駆られます。しかし、ボランティアのマニュアルには危ない時には止めに入るも、それ以外は子供の自由を大事にするべし、とあります。阿部さんは、自分だったら危ないことは避けたい方なので、自分が見ている子供にもやはり同じように接したい、と思います。自分にはこのボランティアは向いていないかも、と考え始めました。

さて、阿部さんの行動は、オープンな心の観点からするとどうでしょうか。あなたが阿部さんならどうしますか。さらに、どんなアドバイスをしますか。

〈振り返りポイント〉

私たちは、自分の中に桃子ちゃんのような好奇心と冒険心を感じる一方、心配や慎重な心も同時に見いだすことがあるものです。あなたは、そんな時に何を基準にして行動を決めますか。何か物差しにしていることがありますか。

心の柔軟性は、大変大事なことです。身体も固いと骨折しやすいのと同様、考えが固いと相手と衝突しやすくなるものです。体の柔軟性を養うためには地道な体操をするのもひとつのやり方なのですが、頭の柔軟性はどう鍛えるのでしょうか。ひとつには多面的思考の中で述べた具体的対応策も参考にすることができます。

心の柔軟性やオープンな心とは決まった枠に安住するのではなく、新しいことに対して好奇心と冒険心を持ち積極的に向かって行く態度です。新しい経験を楽しむ態度です。例えば、阿部さんは、思い切って桃子ちゃんの後を追って、桃子ちゃんの目線で一緒に物事を見てみてはどうでしょうか。その時に、何に桃子ちゃんが感動しているのか、何に興味を示しているのか、と言った好奇心を持って一緒に体を動かしてみることです。この場合は、「桃子ちゃんは大丈夫」と言った信頼感を持つことも大事です。自分に言い聞かせる必要があるかもしれません。もし、本当に危ないと思えた時には、注意するのが肝要ですが、それ以外は我慢してみるのです。阿部さんにとっては、大変なことかもしれませんが、試してみる価値はあります。きっと自分について、そして、心の柔軟性について、何かを発見することでしょう。

事例 3

アメリカナイズ？（田村さんのケース）

田村さんは、あるNGOで職員として働き始め、今年で二年目になります。アメリカで大学に入り、そして大学院と進んで七年滞在の後、最近、日本へ帰ってきました。

今日は「グローバル化」と題した大会で、国連で長い間働き、指導的役割もになっていた経験のある人がスピーチをしました。田村さんは、前列から三列目、スピーカーがはっきり見える席でリラックスしながら、左側の肘掛けにもたれ腕を組んで興味深くスピーチに耳を傾けていました。と、突然、隣に座っていた年下の同僚の佐々木さんから、腕を小突かれてビシッと言われました。「そんな格好で聞いてはいけないですよ。」始めは何がいけないのかがわからず、田村さんはキョトンとしていました。周りを見渡しますと、ほとんどの人が、キチンとイスに腰かけて聞いています。肘掛けにもたれて聞いたりしてはいけないのか、と渋々納得しました。

田村さんは、佐々木さんの態度を不愉快に感じ、その後、二人の関係はちょっとギクシャクしてきました。

〈振り返りポイント〉

さて、柔軟性とオープンな心の観点から、二人の行動を分析してみてください。田村さんのオープンな心は、どの程度だったでしょうか。柔軟性があるものでしたか。佐々木さんの態度はどうでしょうか。

佐々木さんからすると公式の場所であり、偉い人の話は襟を正して聞くものであり、それが礼儀だと考えているのでしょう。しかし、田村さんは、肘掛けに寄りかかることが公式の場所ではいけない行為である、という発想を持っていなかったのかもしれません。確かに、アメリカでは、非公式、公式の違いで礼儀を求められることはあまりありません。田村さんは、日本流を忘れてアメリカ的な姿勢でその場に座っていたのかもしれません。足を組む行為は、アメリカでは全く問題ありません。一方、日本では、正式な場所で足を組んで相手と対面するということは非常識であると一般的には思われています。

田村さんの場合は、佐々木さんに指摘されたことで感情を害したようですが、一旦冷静になってみることが必要です。指摘されたことを受けて、自分がだいぶ長いこと日本から離れていたということ、そして日本文化を忘れているのかも、ということを考えるチャンス、学びのきっかけを得たと捉えることもできるでしょう。このように好奇心を持って眺めることが大事で、それがオープンな心で事態を捉え、柔軟な行動につながるのです。

佐々木さんからすると、田村さんのような行動は非常識なもので、スピーカーに対して失礼ではないかと思ったのでしょう。そこで、部下でもない同僚の田村さんを注意する行為に出たのです。ここは日本であり、日本での常識が求められますので、佐々木さんのとった考えは正しいのかもしれませんが、責任感が強いあまりストレートにぶつけすぎて、柔軟性に欠けていたと言えるでしょう。田村さんは、年上で、かつ佐々木さんの部下ではありません。伝え方に工夫が必要だったと言えます。

この後、腹を割って話し合うことも改善の糸口になるかもしれません。あくまでも二人の気持ちが関係を改善したい、という思いがある時は、こうした場を設け、意見を交わすことは大切なことです。オープンな心を持って互いに取り組んでみたら、一人ともお互いから学ぶことがあるに違いありません。

Do It Yourself! 実践

エクササイズ ❶ 行動を起こす

《問題 1》

今までやったことがないことで、やってみたいと思うことを10個あげてみましょう。現実主義は棚上げにし、お金や時間にとらわれず、やってみたいという心を大事にして書いてみてください。

1.

2.

3.

4.

5.

6.

7.

8.

9.

10.

《問題２》

A）先にあげた10個のうち、どれから始めますか。やる順番を決めましょう。

順番

1.（　　番）
2.（　　番）
3.（　　番）
4.（　　番）
5.（　　番）
6.（　　番）
7.（　　番）
8.（　　番）
9.（　　番）
10.（　　番）

B）そして、最初の３つは確実に行動に起こせるように「いつ、どこで、どのように」進めていくかを書いてみましょう。そうすることで、より行動に移しやすくなります。ここでは、少し現実的になり、やりやすいものから先にやるのが、成功の秘訣です。

1.（　　番）＿＿＿＿＿＿＿＿＿＿＿＿＿＿＿＿＿＿。

いつ：

どのように：

何が必要か：

誰かのヘルプが必要か：

どのぐらいの期間、それをするのか：

他に行動に必要なことは：

2. （　　番）＿＿＿＿＿＿＿＿＿＿＿＿＿＿＿＿＿＿＿＿。

いつ：

どのように：

何が必要か：

誰かのヘルプが必要か：

どのぐらいの期間、それをするのか：

他に行動に必要なことは：

3. （　　番）＿＿＿＿＿＿＿＿＿＿＿＿＿＿＿＿＿＿＿＿。

いつ：

どのように：

何が必要か：

誰かのヘルプが必要か：

どのぐらいの期間、それをするのか：

他に行動に必要なことは：

▶解説は 167 ページ

エクササイズ❷ 習慣を変える

柔軟性を高めるための具体策の演習を以下に挙げます。まずは、読んでから、自分のタイプを決めてください。次に、試してみたいことを以下のやり方から一つ選んでください。そのやり方を実践してみて、自分がどう感じるのかをみてください。

1. 自分は完璧主義で律儀で固いタイプであると思う人へ

〔さまざまなやり方〕

- 学生なら、授業で座る位置を時々あえて変えてみましょう。いつも前の方に座る人は、意識して後ろのほうに座るのです。
- 通勤、通学路を時々変えてみましょう。あえて変えることが大事です。
- 約束の場所に大体20分前に着く人は、5分前につくような段取りでやってみましょう。30分前に着いていた人は、15分前につくような段取りを時々やってみましょう。
- いつも念入りな準備を怠らないあなたは、急に来た仕事や依頼ごとは苦手なはずです。時には十分な準備もせずに直接、相手や仕事に当たってみましょう。それをあえてやってみることを勧めます。何度か繰り返し、どう感じるかをみてください。

2. 自分はおおざっぱで、楽観的、ちょっといい加減なタイプであると思う人へ

〔さまざまなやり方〕

- 基本は上と逆をやることをお勧めします。いつもぎりぎりで約束の場所に着く人はあえて、20～30分前に着くように段取りをして出るのです。
- このタイプの人は、最後の締めが少々苦手な人が多いものです。その結果、無意識的に最後の部分を計画に組み込むことを忘れたり、または、軽くみてしまい、結局その締めがいい加減になるこ

とが少なくないものです。そこで、何かを計画するときにも、最後の締めの部分も意識して計画に組み込むことを忘れないことです。組み込むときには、その時間を加算することも大事です。そうすることで、締めを軽視しないように自分の時間を創っていくのです。

- 「ま、いいや」という自分の内なる声が聞こえたときには、時々、「ま、いいやではなく、今回は、この細かいことに注意を配ってみよう」と自分に言い聞かせてみてください。
- 自分が乗りたいバスや電車の時刻をメモにとり、どのバスに乗るかを決めます。決めたバスにはきっちりと乗ることを課してみましょう。

▶解説は 167 ページ

解説

▼エクササイズ1

時間に限りがある場合は《問題1》だけに絞っても良いでしょう。このように実際に書き出してみてどうでしたか。言葉にすることで一つ実現化に近づくと言われます。また、パートナーと話し合うことも良いことです。

もし、毎日の積み重ねが必要なものに関しては、一日に一〇分間だけ、そのための時間をつくることを勧めます。そして、それを最低三週間続けてみてください。これだけで、棚上げにしていた事柄に実際に取り組むことができるようになります。きっと、何かを完了した達成感を味わえることでしょう。

または、新たな一〇分間を設けることが難しいような場合は、いつもしていることの間に、つまり「――ながら」でできることなら、それでも大丈夫です。何をしながら、やりたくてもやれていなかったことをしますか。「――ながら」を明記して具体的にしてください。たとえば、朝晩歯をみがきながら英単語を三つ暗記する、といった具合です。

▼エクササイズ2

ちょっと居心地悪いかもしれませんが、小さな積み重ねに意味があるのです。積み重ねていくことで初めは面倒と感じたり居心地の悪さを感じていても、だんだんと慣れていきます。安心して続けてみましょう。

小さな事なのですが、自分の慣れ親しんだやり方と逆のやり方を試してみることで自分へ挑戦しているのです。やってみることで、どう感じるのかをしっかり味わってください。

これは、ちょっとした異文化体験とも言えます。こうして自分の慣れ親しんだやり方と逆のやり方を試すことで柔軟性を身に付けることができ、状況に応じて適切な行動をとることができるようになります。

この体験の感想を他の人と話し合うことも良いでしょう。

スキル演習E

話のきっかけをつかむには、コツがある

a. 聞くこと、観察すること

話が上手い人は、聞くのが上手いとよく言われます。さて、「きく（聞く、聴く、訊く）」行為にはどのようなものがあるのでしょうか。これらをひっくるめて傾聴スキルと言います。

ここでのポイントは、「話し手が話し易くなるために」、聞いている自分は何ができるか、何に気をつけるか、です。普段、自分が気をつけている事柄を思い出し、以下に非言語レベルと言語レベルに分けて傾聴スキルを埋めてください。これらを書けるということは、日常、少しは、またはしっかり意識してコミュニケーションしていると言えるかもしれません。前の章で相づちを学びました。ここでは、それらを非言語と言語に分けてみます。

非言語レベルは、言葉以外の意味で、例えば、うなづきなどです。言語レベルは、言葉を使っての意味で例えば、「はい」などです。

また、相手をよく「観察する」ことも１つの大事なコツです。服装、表情、などをさりげなくしかし、注意深く観察することから、相手が何を好きで、どのような感じの人か、が見えてくるものです。その結果、どんな質問をするかを考えることで、より的確な質問が可能になるのです。

まず、相づちなどを含めた傾聴スキルを以下に書き出してみましょう。

非言語レベル：

____

____

____

____

____

言語レベル：

b. 質問の練習

質問の練習をペアになって実践します。オブザーバを入れ３人１組で行うことを勧めますが、人数の関係で３人になれない場合は、２人だけでも可能です。これは、聞き手が質問スキルを練習することが目的です。時間が許せば、他の人たちとも同じ形式で練習してみましょう。

① まず、じゃんけんで話し手、聞き手を決めます。トピックは、「好きな時間の過ごし方」、「音楽やスポーツについて」など、自由に話してください。楽しんでください。(2 分)
② （オブザーバが）聞き手が質問を何回したかを数えてください。どのような質問をしたかも簡単に書き出してください。
③ 合図で、話をやめます。話し手は、聞き手に対してフィードバックを具体的に伝えます。(たとえば、話を聞きながら、質問をしてくれて話が広がるのを感じて良かったです。何を話していいかわからなくなり、困ってしまったので、質問が欲しかったです、など。）フィードバックの後は、質問の回数とどのような質問があったかなどについて、オブザーバーが自分のフィードバックも含めて、聞き手に伝えます。(2 分)
④ 終わったら、役割を交代します。最終的にこの演習をして、質問について気づいたことを話し合いましょう。(3 分)

スキル演習E ▶ 解説

▼a. 聞くこと、観察すること

ここでは、傾聴スキルと称して、相づちを非言語レベルと言語レベルの二つに分けて見てみました。傾聴スキルとは、まずは、相づちが上手にできるか否かなのです。

非言語には、スマイル、うなづき、ジェスチャー、目線、など。

言語には、「はい」、「そうですね」、「いいですね」、「それは賛成です」、「それから?」、「さすがですね」などです。

前の章の解説も参照してください。

▼b. 質問の練習

これまで、相づちを勉強してきました。相づち同様に、会話を深掘りできるのが質問です。質問の効用は複数あります。

(1) 質問することで、相手の話に関心を持っていることを示すことができる。
(2) 質問することで、相手の話を聞いていることを伝えることができる。
(3) 話題を広げる、深めるなどの効果がある。
(4) その結果、話し手がさらに話しを続ける意欲が湧く。

日本人やアジア系の学生は一般的に質問を控える傾向がありますので、グローバルコミュニケーションにおいては、通常よりもっと積極的に質問をすると良いでしょう。ただ、質問し過ぎて自分の独壇場になることはくれぐれも控えてください。会話は、相互協力が必要です。

第7章

人間関係力の資質その6

コミュニケーション力（やり方と在り方）

言わなければわからない、聞かなければわからない

多文化社会は、黙っていてもわかってもらえる社会ではありません。日本も多文化社会です。自分の考え、気持ち、希望や要求は相手にわかるようにしっかりと表現していかなければなりません。「口は災いの元」という諺がありますが、口から出たものには反応が返ってきますので、自分が期待したような反応ばかりとは限りません。しかし、表現しなければ、何も返ってこない、または「冷たい人だ」などと誤解され、無視されてしまうことすらあります。日本への留学生の中には少なからず、日本人学生は冷たい、と言う人がいます。それは、同じ日本人として悲しく思います。きっと、日本人学生の遠慮や、または、恥ずかしさから積極的に交流したがらない姿勢が、留学生の眼にはそう映るのだと思います。留学生達は言います。「僕たちは何もわからないので、日本人学生に教えてもらいたいのです」と。日本では、初対面の人には遠慮する姿勢はある意味マナーとも見なされます。初対面の場合は距離を取る、つまり話すことを少し控えたりするのが良しとされます。

この「話す」という行為をどう見るかは、文化によって違います。この文化の違いを示す諺を次に紹

介します。例えば、北米の諺に「キーキーいう大きな音を出す歯車は、油を注《さ》してもらえる」というのがあります。つまり、大きな声で話せば、相手は反応してくれる、その行為を評価する、と言ったような意味です。日本ではどちらかといえば、自己表現、自己主張を歴史的に重んじてきたわけではありません。が、時代は変わってきています。現代では日本においても、しっかり表現することが求められるようになっています。しかし、理路整然と弁舌あざやかに話すことができなければならないということを意味しているわけではありません。そのようにできる人は、すごい力の持ち主ですが、そこまでしなくても、自分の気持ちや考えを相手に伝えることはできます。とつとつと話しても、話しが前後してでも、話さないよりは話すほうが断然いいと思います。話すことが苦手という人は、話す以外の手段、例えば手紙、ＳＮＳ、電子メールなどを使ってコミュニケーションすることができます。また、身振り手振りや行動などの他の手段で相手に伝える努力をすることも立派なコミュニケーションです。コミュニケーション力の基本は、あきらめないで納得できるまでコミュニケーションし続けることです。

ことばを返せなかった（佐藤さんのケース再び）

例１

佐藤さんは三軒先に越してきたフランス人宅に町内会費を集めに行きました。応対に出てきた奥さんに、町内会では各家から月々決まった額を納めてもらい、町内会の活動

事

に充てていることを説明しました。奥さんは日本語がわかるようなので、ほっとしました。しかし、奥さんは、自分たちは二人とも仕事をしていて忙しいので、町内会に参加したくない、ついては町内会費を払わないと言いました。佐藤さんはあまりにもはっきりと断る相手にびっくりすると同時に非常に不快な気分になり、ことばを返すことができずにその場を去りました。

〈振り返りポイント〉

さて、佐藤さんのコミュニケーション力をあなたはどう思いますか。また、佐藤さんは町内会費を払ってもらうために、どうしたらよかったと思いますか。あなたが佐藤さんならどうしましたか。

日本人は英語が下手だと言われ久しいのですが、日本人より英語が下手な外国人はたくさんいます。実は、日本人は英語が下手なのではなく、他の国の人々ほどことばによる表現を大事だとは思っていないだけではないかと思います。これは他の国の人々に比べて、より自己表現を控える結果なのです。そのために、文化背景の異なる人とコミュニケーションするときに損をしていることが多々あります。私は、英語が日本人よりできなくても、どんどん話して相手を説得してしまうラテン系の人に何回も会っています。

この事例では、はっきり断られて佐藤さんは、その後何も言えずに帰ってきてしまったわけですが、まず考えなければならないのは、相手が町内会についてわかっているかということです。フランスでは佐藤さんの住んでいる地区にあるような町内会がないのかもしれません。ですから、町内会がどんな働きをしているかをわかってもらう必要があります。街灯の管理、清掃や消防・警察・区役所との連絡、地域の高齢者のお世話、地域の青少年や主婦などの親睦という地域社会の住み心地を良くするための幅広くきめ細かい活動をしていることを説明する必要があります。ことばだけでは難しいようでしたら、写真などを見せて説明することもできます。

このように説明すれば、町内会に参加したくないという人はあまりいないでしょう。言わなければわかってもらえないのです。街灯、ゴミ収集、消防と警察のサービスは住民なら直接的でなくても間接的には必ず受けているわけですし、地域住民との親睦を望まない外国人は稀です。ただ、市民税または区民税を払っているのだから、それでカバーされないのは納得がいかないというような反応は結構予想されます。そこまで言われると予算の説明をしなければならないので、役所に行って説明してもらうように勧めるか、自分で調べて説明を試みるかです。

考えてみれば、このような情報は日本人住民でも町内会費を払う前に説明を求め納得する必要があるのではないでしょうか。しかし、多くの場合、日本人は今までの成り行きに任せて、そこまで詳しい説明を求めません。説明を求めたり、説明をしたりしないのが日本の風土なのでしょうか。このような日本に生活していると自己表現力はあまり必要ないことになりますが、諸外国ではそうではありません。自己表現するのが当たり前というところが多いようです。そこで、外国人は日本人以上に説明を求め、日本人はそれに閉口するというパターンが生まれます。これからは、日本でも外国の人々と共に生活していく機会がより増えますから、いろいろな質問に自分なりの答えが言える自己表現力を身に付けることが大切です。説明を求められて閉口するのではなく、事例のような機会を積極的に捉えて、自己表現力を養いたいものです。楽しむことさえできるでしょう。

引き続き、佐藤さんとフランス人夫妻の事例を検討していきましょう。町内会費を払うのを断ったフランス人の奥さんは、仕事が忙しくて町内会の活動に参加できないことを理由に挙げました。佐藤さんは、それは妥当な理由でないと思ったかもしれません。しかし、そう言い返す気力はなく、相手のはっきりしたものの言い方に圧倒されて、引き揚げてしまいました。

前節（第3章）では、佐藤さんは、感情的に相手を判断することなく、町内会について相手にもっとわかるように説明する必要があったということを指摘しました。佐藤さんが説明をすれば、きっと相手はわからない点を尋ねてきたでしょう。そのような質問に佐藤さんは先入観を持たずに丁寧に聞く耳を持つことが大切です。そうしないと相手に理解をもたらす説明をすることができません。先入観を排してということは、価値判断、否定的感情を保留してということです。このように外国人たちの別の視点を考慮もせずに「なんて非常識な質問だろう」などと思わないことです。

言わなければ伝わりませんが、言い方にも工夫がほしいものです。自己表現が自己主張だけになってしまえば、相手は聞いてくれません。相手の意見や気持ちを聞きながら、相手の質問に答える形で情報を提供し自分の考えを伝えていくことが大切です。これが、コミュニケーションの基本的な態度です。自分が解答を教えるという態度ではなく、相手の納得のいく解答に到達するのに役立つ情報や意見を提供するという態度が、双方の知恵を生かす解答に到達する道だといえます。これを、双方が納得できるウィン・ウィンの解決方法と言います。つまり、相手も納得でき、自分も納得できる方法を見出すということです。聞かなければわからない、です。相手の意見を聞くことはウィン・ウィンへの第一歩です。

言葉がわからないかも、と不安になるかもしれませんが、絵や図でも説明できます。これは実は、言葉より効果的なことが多いので試してみてください。その時にスマイルを忘れないようにしたいものです。

例２

職場で英語がなかなか話せない（遠藤さんのケース）

外資系の会社で働く遠藤さんは自分の考えがないわけでも、何も感じないわけでもありません。実は、想いがたくさんあるのですが、「あまり話さない人、何を考えているか

事

わからない、愛想のあまりない人」と見られています。遠藤さんは、口がどちらかといえば重いかもしれません。何かをグループで決める時も、皆の意見を聴きながらじっくり考え、自分の考えを煮詰めて、いざ、意見を言おうと思う頃には、多数決に入る、という具合で、意見を言えずじまいのことが多々あります。自分は良い意見がたくさんあるのに、とそれが口惜しい気さえします。それが悩みでもあります。英語で話すとなると、もっと意見が言えなくなります。英語のネイティブの人は、遠藤さんは英語が苦手なのだろうと思っていますが、一度、みんなで居酒屋へ行った時に遠藤さんは英語が上手なのでびっくりしました。いつもの彼と違うのです。外国人は、なぜ遠藤さんは職場でもっと率直に気軽に話してくれないのかと思います。

〈振り返りポイント〉

さて、あなたは、遠藤さんのようにどちらかと言えば内向的な方でしょうか。それとも、人の話を聞くよりは自分が話してしまう傾向が強い方でしょうか。あなたは、今後、自己表現と人の話を聞くことに関して、どうしたいと思っていますか。

確かに日本には「口を開くなら意味のあることを言え」といった類いの雰囲気があります。特に男性にこの考えが強いようです。このような環境で育ちますと、どうしても「間違ってはいけない」と思い慎重になったり、「どう思われるだろうか」と気になって自由に話せなくなります。しかし今は、日本人でもいろいろな考えの人が増えてきています。日本では今、四十七人に一人が日本人とどこかの民族の混血である、と言う時代なのです（ドキュメンタリー映画「ハーフ」、西倉めぐみ監督、２０１３年公開）。このようにいろんな意味で国内に背景の違う人たちが急増し、口に出さないとわかり合えないことが増えてきているといっても言い過ぎではありません。まさしく多文化です。

しっかりきっちり、正確に、物事をこなすことが大きな価値だと、一般には考えられていますので、遠藤さんは肩に力がはいっても仕方がなかったかもしれません。しかし今は、そうした価値観以外に、違う価値観も重宝がられる時代になってきているのです。仕事へのリラックスした関わり方が評価を受け始めました。肩の力を抜いて、リラックスして、感じたことを言ってみる、考えていることを伝えてみるのはどうでしょうか。「正しく話そう」とか「吟味した考えを話そう」とすることも大事なのですが、多文化社会では、自分が「正しい」と思った考えが、相手には「正しくない」と映ることも大いにあるのです。自分では「熟慮した考え」を披露したつもりが、相手はすでにほかのトピックに移っていて、あなたの考えには興味を示さないかもしれません。効果とプレッシャーの両面から考えても、正しく話そうと肩に力が入るより、間違えた英語をまず発することで、その場を和ませるメリットを取りに行った方が良いのではないでしょうか。その効果は想像以上に大きく、間違えて良いのですからプレッシャーも減ります。

自分の性格を変えることは、並大抵のことではありません。また、ことばで自分をうまく表現することができないという悩みは少なくありません。否、ほとんどの人が抱える悩みではないでしょうか。それなら発想を変えて、できないことを悩むより自分が「できる」ところから始めるのが良いでしょう。もしかして、遠藤さんは「聞く」ことではとても上手かもしれません。その場合はそれを強化していくことも一つのあり方です。よく聞くためには、質問する、説明を求めるという行動が付随しますので、会話に参加することはできます。

事例 3

自己主張がぶつかる（愛ちゃんと武人君のケース）

三歳の愛ちゃんと武人君はままごと遊びをしていました。愛ちゃんはお母さん役、武人君はお父さん役です。人形が子供たちです。愛ちゃんは忙しそうに、お料理、お掃除、子供の世話などをしています。武人君はちょっと何をしていいのか迷っています。そのうち、武人君は飽きてしまって、別のグループに行ってしまいました。愛ちゃんは追いかけていって「武ちゃん、ダメ。ちゃんとお父さんやって！」と袖を引っ張りますが、武人君はいやがります。

〈振り返りポイント〉

さて、大人はここで、二人にどのような指導をしたら良いでしょうか。あなたがボランティアで関わっているとしたら、どう声をかけたいですか。


ここで、愛ちゃんは自分のことを表現していますが、武人くんの気持ちには興味がないようです。武人君は、飽きてしまったのですから、その感情を持て余しています。その感情に寄り添うこと、つまり、武人君の気持ちを聞くことが必要なのです。とても大事なスキルで、それを学ぶことは大事です。

そこで例えばあなたが、つまらなさそうにしている武人君を見たら、「愛ちゃん、武ちゃんにどうしたいか聞いてみたら」と、そーっと提案してみるのはどうでしょうか。相手の意見や気持ちを聞くという行為は高度な行為だと思っていませんか。実は本当は幼いころから学べるスキルです。愛ちゃんは「武ちゃん、ダメ」と決めつけるのではなく、「武ちゃん、どうしたの？」と尋ねたら、どうなっていたでしょう。違った展開になったことは十分考えられます。武人君はお父さん役として、何をしたら良いかわからなかったのかもしれません。そのとき愛ちゃんは「じゃあ、ごはん作って」とお願いできます。武人君はお母さんをやりたかったのかもしれません。「じゃあ、交代しようね」ということで解決できたかもしれないのです。幼いころからでも、相手の気持ちを尋ねることの大切さは、教えてもらえばわかります。相手の感情に寄り添い、聞きだすことで初めて自分の話を聞いてもらえるのです。「武ちゃん、ダメ。ちゃんとお父さんやって！」だけでは通じないのです。大人がこうした関わりをすることで、武人君も同様に、自分の気持ちを言うことの大事さを学んでいくことでしょう。大人にとっても磨いていきたいスキルです。

「言わなければ伝えられない、聞かなければわからない。」このように、子供のケースを通して見ると、コミュニケーションのエッセンスがさらにクリアに見えるものですね。

●度重なる説教も効果なし（大学生の娘と母親のケース）

事例４

母親の斉藤さんが、大学1年生の美紀さんに生活態度のことで話そうとすると、「いつも同じことを言うんだから、聞かなくてもわかっているよ」と耳を傾けません。親の言うことに聞く耳を持たせるには、どうしたらいいのだろうと斎藤さんはいつも頭を悩ませています。

〈振り返りポイント〉

さて、あなたは母親の斎藤さんにどんなアドバイスをしますか。また、あなたは美紀さんと似たような状況に陥ったことがありましたか。その時のことを思い出してみましょう。今度似たような状況に出会ったら、どうしたら良いと思いますか。

斎藤さんは、美紀さんの関心ある内容、美紀さんに役に立つ内容の話をまず持ちかけてみてはどうでしょうか。そして、美紀さんの話が終わり彼女が満足しているように見えたら、そこで初めて母親のアドバイスやお願いを短めに言うことです。コミュニケーションのキーポイントの一つ「相手に聞いてもらいたかったら、まず相手の心のうちを聞く」とはよく言われることです。なかなか簡単ではないのですが、特にどちらも感情的になっている時には、エゴを横に置いて相手に自らが近寄ることが、解決の糸口です。「相手は何を欲しがっているんだろうか」、「自分は相手の話をしっかり聞いているんだろうか、聞こうとしているんだろうか」というような自問自答を数秒間行ってみることで、何らかの変化を創り出せるかもしれません。

Do It Yourself! 実践

エクササイズ ❶ 聞き方

パートナーと「週末の過ごし方」、または「今度の試験のこと」、あるいは「アルバイトのこと」について話し合います。まず、次のAとBどちらのタイプを演じるか決めます。Aは結論を最初に話します。Bは結論は最後です。結論に持っていく前にいろいろと状況、心境を徐々に説明しています。

Aタイプ：　私は学校を辞めたいの、なぜなら……

Bタイプ：　私、友達ともケンカしたし、授業も面白くないし、昨日も先生の顔も見たくなかったし……、だから学校辞めようかな……

〈Aタイプの人〉

自分はどちらかと言えば、Aタイプだと思う人は、他の人の話を聞くときに、相手に結論から先に話すことを期待してしまいます。しかし、その誘惑を抑えて、以下のことに気をつけて相手の話を聞いてみましょう。

①「なるほど」「それから」「そして？」を使って、まず相手の話を最後まで徹底的に聞き出しましょう。
「おもしろそうだね……それで？　それから……？」、「どんなことを考えているの？」、「何かあったの？」と聞いてみましょう。

②何を話したいのだろう、とイライラするかもしれませんが、まず相手の話を聞く事があなたには大事です。自分の意見を控えましょう。性急になることは止めましょう。

〈Ｂタイプの人〉

あなたがどちらかといえばＢタイプであれば、相手の話しを聞く時に結論より先に状況説明を期待しますが、その誘惑を抑えて、以下のように聞いてみましょう。

①話し相手にまず結論を話すように促す。
「ちょっと中断させてごめんね、まず、アルバイトに受かったかどうか、脈ありそうか、否か、それを先に聞かせてくれる？」というような具合です。

②中断させたり、自分のエゴを押しつけているのではないかと遠慮するのはやめましょう。これは練習と自分に言い聞かせ、「まず結論を聞かせて」と伝えてみましょう。

▶解説は 188 ページ

エクササイズ ❷ 具体的かつ明確に指示する

以下の①～④の指示を〔例〕に従って、相手がわかるように事実、具体的な指示、結果を含む明確な指示に書き換えてください。

〔あいまいな指示の例〕レポートの提出が遅れています。できるだけ早くレポートを出してください。

〔良い指示の例〕

一昨日が締め切りであった「市場動向レポート」がまだ私の手元に届けられていません（事実)。今日の午後３時までに必ず私まで持ってきてください（具体的な指示)。そうしないと明日の会議にさしつかえます（結果)。

①会議には遅れないで来てください。

②勤務時間中はまじめに仕事をしてください。

③お客様に失礼のないように挨拶してください。

④できるだけ早くこのクレームに対処してください。

▶解説は 188 ページ

エクササイズ ❸「はい」の意味

話をしながら日本人はいろいろな意味で「はい」と言います。例えば、「あなたの言っていることを私はちゃんと聞いています」という意味で「はい」という場合があります。他にどういう意味で私たちは「はい」を言っているのでしょうか。以下に考えられるだけ答えてください。

□

□

□

□

□

□

□

▶解説は 189 ページ

解説

▼エクササイズ1

演習をやってみてどうでしたか。もし、Aタイプを演じて違和感を感じたとしたら、あなたはBタイプなのかもしれません。ここでのポイントは、こうした真逆とも思われるコミュニケーションのタイプがあることを知ることです。そして、それは、文化によって大いに形作られていることを学びましょう。例えば、お互いに話をしていてイライラを感じることがあります。原因の一つにこのタイプの違いが考えられるのです。

お互いのコミュニケーションの仕方を理解することで精神的な葛藤や不要な摩擦を削減することにつながります。

▼エクササイズ2

▼解答例

①会議は九時開始です。(事実)
九時五分前に来てください。(具体的な指示)
そうすることで、九時に開始可能です。(結果)

②勤務中に大声で笑っていました。(事実)
しかし、勤務中に大声で笑うことは控えてください。(具体的な指示)
そうすれば、集中力が高まります。(結果)

③お客様への挨拶の声が低いです。(事実)

相手に聞こえるよう大きな声で挨拶してください。（具体的な指示）
そうすることで、お客様に失礼はありませんので。（結果）
④クレーム対応がまだです。（事実）
今日五時までに終えてください。（具体的な指示）
そうすれば、お客様は安心できます。（結果）

今までの経験や文化背景が異なると常識が異なります。相手に、あなたが求めている行動が何であるかがしっかりわかるように、具体的かつ明確に指示を出すことが摩擦を避けるためには不可欠です。抽象的なことばは誤解の元になります。具体的な行動を指示しましょう。

▼エクササイズ3

▼解答例

□「同感です」
□「許可します」
□「わかります。理解します」
□「どんどん話してください」
□「もう一度言ってください」

などが一般的です。「はい」を声のトーンを変えて使うと、いろんな意味に変わります。例えば、声を伸ばしぎみに「は～い」と低音で言うと、「それはそうなんだけれども……」ということも意味します。または、「嫌なんだけれども……」という意味あいにもなります。

日本人の「はい」は異文化の人たちにとっては難題のひとつなのです。日本人とうまくやりたければ、まず外国の人はこれを学ぶ必要があるでしょう。同時に日本人のほうからは、こうしたことを外国人に教えていくことが良いでしょう。

スキル演習F

a. 二種類の質問

限定質問　イエス、ノー質問（答えがイエス、ノーに限定されます）

以下に思いつくままに限定質問を挙げてください。例：朝食食べましたか。

- ➢
- ➢
- ➢
- ➢
- ➢
- ➢
- ➢

拡大質問　この質問に対する答えは、何を答えても良いのが特徴です。特にWHAT, WHY, HOWなどが強力です。

以下に思いつくまま拡大質問を挙げてください。

例：何を、考えてますか。どう、それをやるのでしょうか。

- ➢
- ➢
- ➢
- ➢
- ➢
- ➢
- ➢

b. 質問実践練習

限定質問＝「はい／いいえ」で答える質問　例：音楽は好きですか。

練習：以下のコメントを基に、より限定質問を創りましょう。

1. どちら（リンゴと梨）を買うか迷っているお客様に対して：

2. 遊びに誘った相手にぜひ来て欲しいことを伝えたい時：

拡大質問＝5W1Hの質問、特にwhat, why, howは効果が大きい。例：何を考えていますか。どうやってやりますか。（「気持ちを教えてください」は質問ではないが、同様にインパクトは大きいので使いたい。）

練習：相手が以下のようなコメントをしました。相手の気持ちをより深く分かるために、どのような質問をしたら良いでしょうか。

1. 彼はやる気がないというか、私を嫌いというか、すぐにため息をついては、ぷいっとあっちの方をみているんですよ。

2. 彼女は、全部自分ができると思い込んでしまうタイプみたいです。

スキル演習Ｆ　解説

a．二種類の質問

「限定質問」と「拡大質問」を挙げるのは簡単でしたか。どうでしたか。拡大質問が会話の中で的確にできる人は、実は、話し上手と言えます。なぜなら、相手に話をさせるのが上手いからです。

相手に話をさせることがうまいことがどうして話し上手と言えるのでしょうか。通常、私たちは誰でもが、人に話しを聞いてほしいと思っています。拡大質問をしてやることで、「誰かに認めてほしい」という相手の本能的欲求を満たすことになるからです。そして、自分の話しを聞いてもらえると私たちは満足し、気持ちが満たされ、次に相手の話に耳を傾けることが容易になるのです。つまり、相手にまず話をさせ、その間、質問しながら相手の話を聞き出し、その結果として、自分も話しをすることができる、自分の話に耳を傾けてもらえることにつながるからです。自分の気持ちが安定していない時には、他人の話しに耳を傾けるのは難しいのが多くの私たちの現実です。コミュニケーションの原則でもある、「自分が欲しいものを相手に先に差し上げる」につながります。

拡大質問を練習し、日常で使えるようになりましょう。相づちとうまく組み合わせることで、きっとより楽しい会話ができるでしょう。または、より良いミーティングを持つことが可能になるでしょう。

▼b. 質問実践練習

限定質問

1. どちら（リンゴと梨）を買うか迷っているお客様に対して：

回答例：りんごになさいますか。

回答例：梨になさいますか。

通常、買ってほしい方を質問すると、お客様はそれを買う傾向があるとも言われます。（しかし、もちろん逆も時にはありますが。）限定質問をすることで、相手の行動を促す効果があるのです。さらに意思決定を早くすることが可能になります。

2. 遊びに誘った相手にぜひ来て欲しいことを伝えたい時：

回答例：一緒に行きませんか。

回答例：ぜひ来てもらえますか。

このように限定質問を投げかけて、相手の意思決定を促すことが可能です。あなたの心を伝えることにもなります。自分の気持ちをストレートに伝えることは良い結果をもたらすことが多いようです。

拡大質問

1．彼はやる気がないというか、私を嫌いというか、すぐにため息をついては、ぷいっとあっちの方をみているんですよ。

回答例：どうして嫌われていると、思うのでしょうか。
回答例：やる気がないと言うことは、どう言うことでしょうか。

2．彼女は、全部自分ができると思い込んでしまうタイプみたいです。

回答例：自分が全部できると思い込むタイプということですが、どういう意味でしょうか。
回答例：なぜ、そう思われますか。
回答例：何を考えているのか、教えてください。

「何を、なぜ、どうして、どのように」といった質問が、特に効果的です。同様に、回答例にあるように「…教えてください」というリクエストは、「何を考えているのですか」と同様の意味で、同じ程度の効果があります。

この拡大質問のスキル練習は、相手の言葉の裏にある想いを質問を通して浮き彫りにしていくのが目的です。どういう意味で相手がその言葉を発したのか、それを訊きだしていくことが本音を聞くために押さえておきたいキーポイントです。

おわりに

これからの私たちは、従来のように上からの命令を着実にこなすだけでは、「できる」とは認めてもらえない環境に住んでいます。もっと自分の頭で考え、自分から動く人が求められています。日本社会の大きな変化の一つは、主体性を持つことを求められていることであり、これからの若者に突きつけられた命題の一つです。そしてこのテキストで考えてきた六つの能力／資質は、それを助けるものと考えています。

これらの六つの能力や資質についてケース分析を通し、各能力の意味、そしてそれをどう育むかのヒントを提示し説明しました。これらの能力は、「スキル（やり方）」のことだけではなく「心の有り様（在り方）」と密接に関わっていることに注目してください。

スキルだけではうまくいきません。例えば、英語力抜群の人、ＴＯＥＩＣで八〇〇点や九〇〇点をとる能力の持ち主であっても、人に興味を持っていないとすれば、当然、他の人との人間関係を育むことは難しいでしょう。スキルはあるが、心が不在、というケースです。ここで言う心とは、相手への好奇心です。まずは、相手を理解したい、という好奇心があって初めて、英語というスキルが人間関係に役立つのです。ほかに、相手を思いやる心、相手と仲良くなりたいという心、自分が蒔いた種は自分で刈り取る心、自分を大事に、そして誇りに思う心、などが人間関係力には大事なのです。心とスキルの合同作業によって、本書の六つの能力は人間関係構築の面で力を発揮できるでしょう。心は、家にたとえたら土台の部分です。しっかりした土台が大事なのです。

ところで、日本人の長所はなんでしょうか。たくさんあると思いますが、私にとってそれらは、「他人への思いやり」であり「誠実さ」であり「正直さ」です。これは日本人が誇るべき日本人の良さだと思います。これが日本人の中では、あまりに当たり前になっているので通常、気がつかないのです。

例を出しましょう。著者のひとりが先に書いた日米の自動車会社で働き始めたときのことです。その前は、長いことアメリカ人の社会で生活していたこともあり、日系アメリカ人ではない、日本から来た日本人が大勢いる職場はしばらくぶりのことでした。日々仕事を通し驚きとともに感激したことは、彼らが一様に持つ「他人への思いやり」であり「誠実さ」であり「正直さ」でした。渡米する前はなんとなく地味でかび臭さを感じたこれらの日本人の気質が、とても新鮮に映り始めたのです。これらの気質は、当たり前のことではなく実は貴重な性格であり、美しい資質であることを、その時に実感したものでした。そして一部の人たちではなく、ほとんど一様にこれらの気質、傾向を持っていることに驚きを禁じ得ませんでした。こうした貴重な気質、性格を私たちは誇りにして良いと思います。自分の長所、誇りとするもの、無くしたくないものを探し始めること、まずはこれが大事な第一歩ではないかと思います。

この例のように、異文化の人と関わることで自分が見えていなかった長所が見えてくることがあります。自分を映す鏡の役目をしてくれるのです。外に出て、そこから中を見てみましょう。異文化体験は、私たちを内向志向から外向志向にさせてくれます。外向志向になることで自分の誇れるものも見えてきます。

自分に誇りを持って、相手を尊重して、心とスキルの両面から人間関係力をつけていきたいですね。自分にとって大事なものを見つけて、それを守りつつ、変わっていく。「変わらなければ」ではなく「変わると楽しい」という体験を通して、自分とも、まわりの人々とも良い人間関係を築いていきましょう。

参考文献

▶和文（五十音順）

伊佐雅子他『多文化社会とコミュニケーション』（三修社）2002年

伊藤守、コーチ21『人を動かす10の法則』（ディスカヴァートゥエンティワン）1999年

岸見一郎、古賀史健『嫌われる勇気』（自己啓発の源流「アドラー」の教え）、ダイヤモンド社、2013年

久米昭元、長谷川典子『ケースで学ぶ異文化コミュニケーション』（有斐閣）2012年

コヴィー，スティーブン・R（著）、スキナー，ジェームス、川西茂（訳）『七つの習慣』（キングベアー出版）1997年

重松，スティーブンマーフィ（著）、坂井純子（訳）『スタンフォード大学 マインドフルネス教室』（講談社）2016年

鈴木有香（著）、八代京子（監修）『交渉とミディエーション―協調的問題解決のためのコミュニケーション』（三修社）2004年

デボノ，エドワード（著）、梅津祐良（訳）『デボノ博士の思考革命（上）』（騎虎書房）1992年

中西研二『そのまんまでオッケー！』（ヴォイス）1997年

ファーナム、エイドリアン『コーポレート・カルチャーショック―組織移動からのサバイバル』（同文館出版）2002年

藤井英雄『マインドフルネスの教科書』（Clover）2016年

船井幸雄、小山政彦『長所伸展の法則』（ビジネス社）2003年

ホール，エドワード（著）、日高敏隆、佐藤信行（訳）『かくれた次元』（みすず書房）1998年

ホフステード，ヘールト『多文化世界―違いを学び共存への道を探る』岩井紀子、岩井八郎、訳、有斐閣.1996年

箕浦康子『子供の異文化体験』（新思索社）2003年

メイヤー，エリン（著）、田岡恵（監修）、樋口武志（訳）『異文化理解力』（英治出版）2015年

森田ゆり『エンパワメントと人権』（解放出版社）1998年

森田ゆり『多様性トレーニングガイド』（解放出版社）2000年

高山直『EQこころの鍛え方』（東洋経済）2005年
タン，チャーディー・メン（著）、柴田裕之（訳）、一般社団法人マインドフルリーダーシップインスティテュート（監訳）『サーチ イン サイド ユアセルフ』2016年
マツモト，デービッド（著）、三木敦雄（訳）『日本人の国際適応力』（本の友社）1999年
フォンス，トロンペナールス『異文化の波』（白桃書房）2001年
ペットマン，ラルフ『人権のための教育』（明石書店）1987年
八代京子他『異文化トレーニング　ボーダレス社会を生きる［改訂版］』（三修社）2009年
八代京子他『異文化コミュニケーション・ワークブック』（三修社）2001年
山崎繭加（著）、竹内弘高（監修）『ハーバードはなぜ日本の東北で学ぶのか』（ダイヤモンド社）2016年
和仁達也『夢現力』（ゴマブックス株式会社）2004年

▶**英文**（アルファベット順）

Condon, John C., With Respect to the Japanese. Yarmouth, ME: Intercultural Press. 1984
Condon, John C., and Fathi Yousef. Introduction to Intercultural Communication. New York: Bobs Merrill.
De Bono, Edward. Six Thinking Hats, Penguin Psychology Business. 1985.
Everything DiSC（John Wiley & Sons社、日本での総販売代理店はHRD株式会社）
Schaetti, Barbara F, Ramsey, Sheila J., Watanabe,Gordon C., Peroanl Leadership, Flyingkite, 2008.
Hofner Saphiere, Dianne, ed.Cultural Detective. www.culturaldetective.com. 2004.
Hanson, Rick. Videoclips; "Growing a Steady Mind, Strong Heart, and Inner Peace," 2019. ; "How to Build Unshakable Inner Strength Using Your Brain" With Marie Folio, 2019.
Matsumoto, D. and Leroux, J. 'Measuring the Psychological Engine of Intercultural Adjustment ; The Intercultural Adjustment Potential Scale

(ICAPS)', Journal of Intercultural Communication No. 6, 2003.
Meyer,Erin., The Culture Map, PublicAffairs, New York . 2014.
Newstrom, J. and Scannell, E. The big book of team building games. McGraw-Hill. 1998.
Russell, L. Leadership Training. ASTD Press. 2003.
Kawatani,Takashi. Winning Together, beyond, 2015
Tomkins, S.S. "Affect Imagery and consciousness" (Vol.1 The positive affects) New York: Springer. 1962.
Tomkins, S.S. Affect Imagery and consciousness (Vol.2 The negative affects) New York: Springer. 1963.
Wishik, Heather. Pierce, Carol. Sexual Orientation and Identity, Heterosexual, Lesbian, Gay, and Bisexual Journeys. New Dyanamics Publications, 1995.

資　料

自己診断シート１　　自己診断シート２

さらにスキル演習

自己診断シート１

課題設定

自分のコミュニケーションの傾向について学習の始め、中間地点、終了時に記入します。以下のものさし上で、自分に当てはまる地点に◯をつけましょう。

<table>
<tr><td>日にち</td><td>話す方が好き　　　　どちらでもない　　　　聞く方が好き
←――――――――――――――――――――――→</td></tr>
<tr><td>／</td><td>課題（何を強化したいか、または、変えたいのかを１つ）：
●

行動対策　（具体的に課題を達成するための行動／習慣を１つのみ書く：頻度や回数なども：例、日々取り組むか、授業内で取り組むかなどを決めましょう。）

自分のコミュニケーションに対する満足度（◎　○　△　？　×）</td></tr>
<tr><td>日にち</td><td>中間地点</td></tr>
<tr><td>／</td><td>（更新が必要な場合のみ、書き換える）
●

自分の努力に対する満足度　　　（◎　○　△　？　×）</td></tr>
<tr><td>日にち</td><td>話す方が好き　　　　どちらでもない　　　　聞く方が好き
←――――――――――――――――――――――→</td></tr>
<tr><td>／</td><td>自分の努力に対する満足度　　　（◎　○　△　？　×）
今後、始めたい、続けたい、または止めたいことを１つ以下に。</td></tr>
</table>

自己診断シート２

自分が思うコミュニケーション〈学習の前後〉

まずは、左側の質問に答えます。右側は学習が終わってから答えます。

初期　（日付　　／　）	学習後　（日付　　／　）
あなたにとってコミュニケーションとは何？	
コミュニケーションで、得たいこと、達成したいことは何？	
会話の「間」は、自分にとってどんな存在？（例、ホッとする、イライラ）	
初対面の人とのコミュニケーションに対し、どう感じますか。	
初対面の人に対して留意していること：	
効果的なコミュニケーションとはどんなものですか。	
コミュニケーションに一番大事な事は何ですか。	

さらにスキル演習

1. 間を、味方につけると強力

① じゃんけんで、話し手と聞き手を決めます。トピックは「自分の悩み」、「心配事」、などから１つ選んでください。聞き手は、ただただ聞くことだけです。相づちも最低限で良いのです。そのことで話し手が困っているようだったら、相づちを多少多めに入れてやってください。（３分間）
② 時間が来たら、役割交代です。
③ ２人で、話しをしている時を振り返り、聞き手はじっと話しを聞いてくれましたか。話しやすかったのでしょうか。それとも、そうでもなかったのでしょうか。それは、なぜでしょうか。

2. 拡大質問のセッション

はじめに、限定質問と拡大質問をおさらいします。この演習は、拡大質問の練習をすることと、拡大質問のメリットを体験することにあります。

① ペアに分かれ、じゃんけんで話し手と聞き手を決める。
② 話し手は、聞き手が拡大質問した場合は、立ったままでいる。もし、限定質問をしたら、座るか、またはしゃがむことで、聞き手に今の質問は拡大質問ではないことを伝える。聞き手が拡大質問を出してくれた時点で、話し手は、立つことができる。
③ 合図が来たら、役割交代をして、繰り返す。（２分／１人）
④ 終了の合図が来たら、２人で振り返る。（３分間）

〈振り返り〉

① どうでしたか。

② 拡大質問は難しかったですか。

③ 拡大質問と限定質問では、答える側にどんな違った影響があったでしょうか。応えがより長くなるのは、どちらでしょうか。

1．間を、味方につけると強力
「間」は味方につけると強力です！

あなたは、「間」を苦手とするほうですか。つまり、間があるとなんとなく居心地が悪くなって、すぐにお話しで埋めようとするほうですか。それとも、間は、居心地が良いほうですか。間があることで、ちょっと休めて良い感じ、と思うほうですか。

話し下手な人は、考え込む時間がより長いなど「間」を頻繁に持ちがちですので、話し好きな人は「間」を意識的に持つことで、彼らの話を聞くことも可能になります。つまり、あなたがちょっと「間」を我慢し、話し出すことを抑えることで、話し下手な人が話し始めることもできるようになります。

ところが、「間」はいけないもの、不快なもの、コミュニケーション能力がない証拠と否定的に考える傾向が、日本でも近年大きくなっているように見受けられます。もともと日本人は「間」を大変大事にしてきました。「間」の中で、相手を慮《おもんぱか》りながら相手と会話する特徴があったものです。これは、かつて多くの日本人が有していた特徴であり、かつ能力とも言えると思っています。それが昨今、ないがしろにされているように思えることは、惜しいことです。この演習を通して、「間」を体験してみてください。そして、自分にとっての「間」はどんな存在なのかを把握してください。「間」と仲良くなってください。そうすることで、相手に応じて「間」を活用することが可能になります。その結果、あまり話さない人もあなたに話しをして来るかもしれません。あまり心を打ちあけない人の本音を聞けるかもしれません。

相手が「間」が苦手な感じの様子の場合は、その人に合わせて「間」を短くしたり、無くしたりすれば良いのです。自分の傾向を知り、必要に応じて「間」を使えるようになれば、会話をより上手にコントロールできるようになります。

2. 拡大質問のセッション

質問を使ったスキル練習をロールプレイの形式で実施してみました。留意点は、振り返りの時間にたっぷり時間を取りたいものです。少なくとも、ロールプレイの半分の時間かそれ以上の時間は取りたいものです。振り返りの会話の中から学生は、深掘りをする効果や、相手のコメントを聞いたり、質問されたりすることを通して気づきを得ることでしょう。

著者紹介

山本喜久江（やまもと　きくえ）

法政大学卒業。ニューメキシコ大学コミュニケーション学科修士。（有）オフィス山本代表。異文化マネジメントコンサルタント。PL 公認（2020 年 5 月予定）シニアファシリテーター。東北大学および宮城学院女子大学で非常勤講師を務める。

専門：コーチング、企業研修（パーソナルリーダーシップ、クロスカルチャー全般、グローバルリーダーシップ、多様性、女性研修など）

資格：DiSC Everything Workplace トレーナー代理店。裏千家（茶名：宗喜）。

主な著書："Japan/Anglo-American Cross-Cultural Communication," *The Handbook of Intercultural Discourse and Communication*, Part IV Intercultural Discourse Sites, Co-written with Steven Brown & Brenda Hayashi, Wiley-Blackwell, 2012. 他多数

連絡先：（有）オフィス山本　電話 022-228-2820

Email: yamamotok@sea.sannet.ne.jp　URL: officeyamamoto.biz

八代京子（やしろ　きょうこ）

国際基督教大学大学院博士課程後期単位取得。教育学修士。麗澤大学名誉教授。異文化コミュニケーション学会元会長（1995 年～ 1999 年）。

1997 年より（株）GLOVA で異文化コミュニケーション、国際理解、多様性、協調的問題解決、交渉とミディエーション等の研修の教材作成、講師養成、企業研修講師を担当。

専門：異文化コミュニケーション、英語教育、社会言語学

主な著書：『日本のバイリンガリズム』（共著、研究社、1991 年）、『Study Abroad』（共著、研究社、1993 年）、『異文化理解とコミュニケーション 2』（共著、三修社、1994 年）、『Multilingual Japan』（共著、Multilingual Matters、1998 年）、『異文化トレーニング』（共著、三修社、1998 年）、『異文化コミュニケーション・ワークブック』（共著、三修社、2001 年）、『アクティブラーニングで学ぶコミュニケーション』（共著、研究社、2019 年）

多文化社会のコミュニケーション
買いかぶらず、決めつけない基本スキル

2020年4月20日　第1刷発行

著　　者　山本喜久江・八代京子

発 行 者　前田俊秀
発 行 所　株式会社　三修社
〒150-0001　東京都渋谷区神宮前2-2-22
TEL 03-3405-4511　FAX 03-3405-4522
振替 00190-9-72758
https://www.sanshusha.co.jp
編集担当 三井るり子
印刷製本　萩原印刷株式会社

ISBN978-4-384-05976-2 C0095

カバーデザイン　岩泉卓屋